L'Ingénieur Claude MASSE

et son

Mémoire sur Bavay

EN 1781

PAR

Monsieur Lucien LEMAIRE

Secrétaire de la Commission Historique du Nord

Professeur au Lycée Faidherbe

Membre de la Société Archéologique d'Avesnes

AVESNES

IMP. DE LA SOCIÉTÉ « L'AVESNOIS LIBÉRAL »

L'Ingénieur Claude MASSE

ET SON

Mémoire sur Bavay

EN 1731

PAR

Monsieur Lucien LEMAIRE

Secrétaire de la Commission Historique du Nord

Professeur au Lycée Faidherbe

Membre de la Société Archéologique d'Avesnes

AVESNES

IMP. DE LA SOCIÉTÉ " L'AVENIR LIBÉRAL "

(C.)

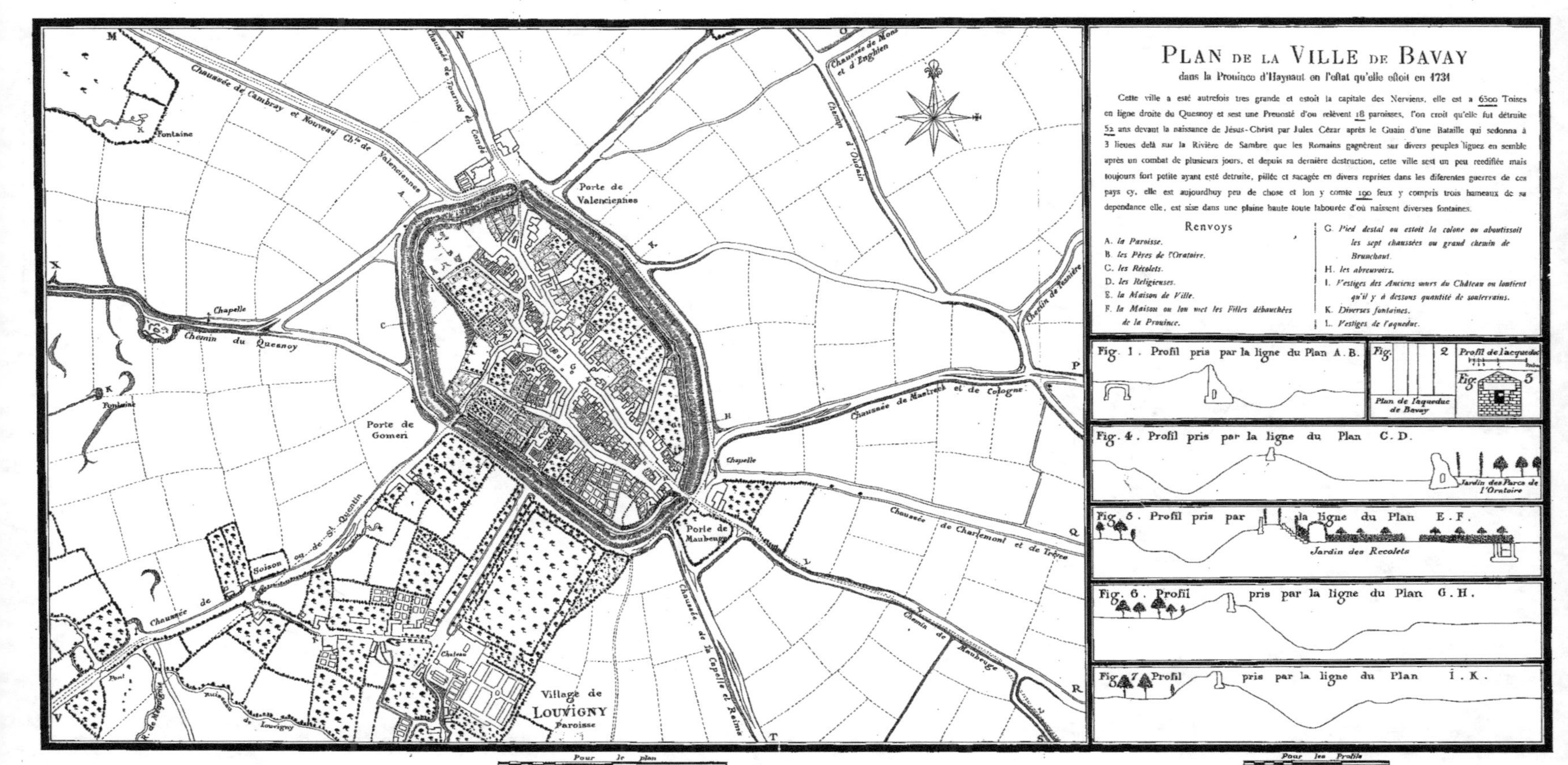

PLAN DE LA VILLE DE BAVAY
dans la Prouince d'Haynaut en l'estat qu'elle estoit en 1731

Cette ville a esté autrefois tres grande et estoit la capitale des Nerviens, elle est a 6500 Toises en ligne droite du Quesnoy et sest une Preuosté d'ou relèvent 18 paroisses, l'on croit qu'elle fut détruite 52 ans devant la naissance de Jésus-Christ par Jules Cézar après le Guain d'une Bataille qui sedonna à 3 lieues delà sur la Rivière de Sambre que les Romains gagnèrent sur divers peuples liguez en semble après un combat de plusieurs jours, et depuis sa dernière destruction, cette ville sest un peu reedifiée mais toujours fort petite ayant esté detruite, pillée et sacagée en divers reprises dans les diferentes guerres de ces pays cy, elle est aujourdhuy peu de chose et lon y comte 100 feux y compris trois hameaux de sa dependance elle, est sise dans une plaine haute toute labourée d'où naissent diverses fontaines.

Renvoys

A. la Paroisse.
B. les Pères de l'Oratoire.
C. les Récolets.
D. les Religieuses.
E. la Maison de Ville.
F. la Maison ou lon met les Filles débauchées de la Prouince.
G. Pied destal ou estoit la colone ou aboutissoit les sept chaussées ou grand chemin de Brunehaut.
H. les abreuvoirs.
I. Vestiges des Anciens murs du Château ou lontient qu'il y à dessous quantité de souterrains.
K. Diverses fontaines.
L. Vestiges de l'aqueduc.

Fig. 1. Profil pris par la ligne du Plan A.B.
Fig. 2.
Plan de l'aqueduc de Bavay
Profil de l'acqueduc
Fig. 3.
Fig. 4. Profil pris par la ligne du Plan C.D.
Jardin des Parcs de l'Oratoire
Fig. 5. Profil pris par la ligne du Plan E.F.
Jardin des Recolets
Fig. 6. Profil pris par la ligne du Plan G.H.
Fig. 7. Profil pris par la ligne du Plan I.K.

Pour le plan
10 20 30 40 50   100   200 Toises
Pour les Profils

M
N
O   Chaussée de Mons et d'Enghien
Chaussée de Cambray et Nouveau Ch.ée de Valenciennes
Chemin d'Outrau
K. Fontaine
Porte de Valenciennes
A.
X
Chapelle
Chemin du Quesnoy
Chemin de Ramière
K. Fontaine
P
Chaussée de Maubreck et de Cologne.
Porte de Gomeri
Chapelle
H
Chaussée de Charlemont et de Trêve.
Q
Porte de Maubeuge
Soison ou de de St. Quentin
Chaussée de
Chaussée de la Capelle et de Reims
Chemin de Maubeuge
Château
Village de LOUVIGNY
Paroisse
Pont
Ruisseau de Louvigny
V
R
T
S

Conférence faite à Bavay

LE 11 AOUT 1912

Par M. Lucien LEMAIRE, Secrétaire de la Commission Historique du Nord

Il nous incombe aujourd'hui l'agréable tàche de vous présenter quelques extraits d'un mémoire sur Bavay, écrit par l'un des premiers géographes français, Claude Masse, digne prédécesseur de César Cassini, qui ne vint que 80 ans après lui. J'ai aussi le plaisir de mettre sous vos yeux un plan à grande échelle de Bavay exécuté par Masse en 1731, ainsi que la carte de la région de Bavay qu'il a levée à la même époque, pièces que j'ai eu la bonne fortune de découvrir dans un dépôt inexploré et presque inaccessible.

Claude Masse nàquit à Chambéry en 1650 et mourut à Mézières en 1737. Sa jeunesse est presque inconnue. Nous savons, par ce qu'il en dit lui-même, qu'il était d'origine modeste et qu'il ne dut qu'à son travail opiniâtre la haute situation d'ingénieur ordinaire du roi à laquelle il parvint. Dès 1673, il était connu de M. de Vauban et de M. de Ferry. Il suivit ce dernier à la direction de l'Aunis en 1679, en qualité de dessinateur et exécuta sous ses ordres un grand nombre de plans et de travaux de fortifications. En 1688, il fut chargé par le gouvernement de lever la carte de toute la côte de l'Océan depuis le bassin d'Arcachon jusqu'à la baie de Bourneuf. Il consacra à cette œuvre considérable 36 ans de sa vie, de 1688 à 1724. Ce fut pendant cette période, en 1702, qu'il fut reçu ingénieur. En 1724, il fut nommé à Lille avec mission de dresser les cartes de la frontière des Pays-Bas et de l'Allemagne. Cette besogne l'occupa jusqu'à la fin de sa vie. Il avait été aidé dans cette dernière œuvre par ses deux fils, aussi ingénieurs géographes. Ceux-ci, sans avoir obtenu une notoriété comparable à celle de leur père, furent cependant aussi des hommes de valeur. L'aîné, François Félix, né en 1706, reçu ingénieur en 1726, mourut noyé au cours de la campagne de Hanôvre, en 1757. Le cadet, Claude-Félix, né à La Rochelle le 7 mars 1712, reçu ingénieur en 1731, mourut lieutenant-colonel en retraite, à Salles, le 31 Mai 1786.

L'œuvre de Masse sur les côtes de l'Océan est gigantesque. Elle contient plus de 100 grandes cartes avec une infinité de petits plans et de mémoires topographiques volumineux, pleins des plus précieux renseivnements. Restée inconnue jusqu'à ces dernières années, elle a regagné quelque notoriété depuis que, la bibliothèque de Bordeaux a fait l'achat, en 1898, de 15 magnifiques cartes concernant la région bordelaise. Cette découverte émut le monde savant de Bordeaux, et pour assurer la conservation aussi bien que la divulgation de ces précieuses cartes, elles furent reproduites à 40 exmplaires aux frais communs du Département de la Gironde, de la Ville de Bordeaux, de la Chambre de Commerce de Bordeaux et des Ponts-et-Chaussées. L'Académie de Bordeaux décidait de son côté d'imprimer tous les mémoires de Masse sur le Bordelais. Signalons encore la « Revue des Provinces de l'Ouest », qui a publié les parties des mémoires se rapportant à la Sèvre Niortaise. Depuis lors, on a encore retrouvé 79 cartes de Masse sur cette région et depuis une vingtaine d'années, son œuvre sur les côtes de l'Océan a été fort utile aux études de plusieurs érudits.

Pour être moins considérable, l'œuvre de Masse sur les frontières des Pays-Bas et de l'Allemagne n'est pas moins précieuse. C'est celle du reste qui nous touche de plus près. Elle est jusqu'ici restée totalement inconnue. Elle contient plus de 80 cartes différentes et de nombreux mémoires inédits renfermant les détails les plus intéressants sur nos contrées. Nous croyons faire œuvre utile en vous donnant ici sur place quelques extraits du mémoire de Masse sur Bavay. Ce document, par son ancienneté et par la précision de ses détails, nous a semblé avoir une réelle importance. Puisse-t-il susciter dans le département du Nord une initiative égale à celle de Bordeaux !

L'occasion de notre excursion à Bavay était trop tentante et trop favorable, pour que nous ne fussions pas incité à attacher ce grelot. C'est la première fois qu'il est question de Masse dans notre région, et nous avons l'intention de publier sous peu une étude sur son œuvre. A cette fin, nous avons réuni un dossier important.

Les quelques historiens, qui ont étudié Masse, s'accordent à lui trouver une valeur incontestable. Aussi le colonel Augoyat, dans son Histoire des Ingénieurs Géographes, affirme-t-il, qu'aucun d'eux n'a exécuté autant de travaux avec une aussi remarquable perfection de dessin que Claude Masse.

Ses cartes, admirables par leur exécution soignée et leur profusion de détails, sont en outre d'une scrupuleuse exactitude pour l'époque et aussi artistiques que scientifiques. Il y joint toujours des mémoires historiques et topographiques du plus haut intérêt. Il ne sera plus permis désormais de parler du passé de nos régions, sans rappeler ces renseignements d'une authenticité absolue. C'est le document le plus complet et le plus exact sur nos contrées, que l'on puisse consulter, pour le début du règne de Louis XV. En ce qui concerne Bavay, il n'y a pas besoin de démontrer l'importance du mémoire de Masse. Celui-ci, il y a 200 ans, a pu recueillir des traditions, qui se sont évanouies, observer des vestiges, dont toutes traces se sont effacées depuis.

En outre Masse, qui a composé un traité des fortifications en trois forts volumes in folio, possédait sur cette question des connaissances toutes spéciales. Il était donc admirablement qualifié pour nous doner les explications les plus plausibles sur les débris des remparts, des bâtiments et de l'aqueduc de l'antique cité de Bavay.

Cependant il ne faut pas chercher chez lui les qualités de l'écrivain ; ce sont plutôt celles du statisticien, qui font son triomphe. C'est le parfait géographe, doublé d'un homme essentiellement pratique, et sa haute intelligence a suppléé dans une large mesure à ce qui lui manquait d'instruction première. Son œuvre, malgré quelques erreurs et quelques puérilités, présente une réelle valeur. Les cartes qu'il a levées n'ont peut-être pas toute la rigoureuse exactitude que l'on exige aujourd'hui, la triangulation peut parfois être quelque peu fautive. Depuis lors, en effet, des méthodes nouvelles ont été inventées, les instruments se sont améliorés et la géodésie a atteint à une perfection jusqu'alors inconnue. Tel qu'il est, le travail du géographe Masse est celui d'un précurseur.

Mémoire sur la ville de Bavai

RELATIF AU PLAN CI-JOINT

et dont copie a été envoyée à M. le Marquis d'ASFELD

LE 30 MARS 1732

Extrait d'un mémoire du Comté de Hainaut, dont Masse s'est servi en partie et sur lequel il a corrigé ce qui ne lui semblait pas vraisemblable.

Nous ne donnerons que quelques passages de ce mémoire, qui comprend 50 pages grand in 4° de 0.32 de haut sur 0.24 de large.

Il se divise en 6 parties.

La 1re prouve l'antiquité et l'importance de Bavai au début de l'ère chrétienne.

L'inscription d'une pierre trouvée depuis peu à Bavai confirme que cette ville était alors remarquable. Le bâtiment auquel cette pierre a servi, était dédié à Tibère, fils d'Auguste, petit fils de Jules César, à son arrivée, et fut dressé par les soins de Caius Licinius. La lecture qu'il donne de l'inscription se retrouve pareillement expliquée dans de Bast et J. Lebeau.

Elle a été rectifiée et expliquée définitivement par Ernest Desjardins.

On a placé cette pierre sur la porte du jardin de la maison des prêtres de l'Oratoire de la même ville, l'an 1716.

Il trouve la seconde preuve dans le choix, qui a été fait de Bavai, comme centre des routes et des postes de la Gaule Belgique, ce qui se lit dans Ptolémée, géographe romain, qui écrivit sous l'empereur Antonin, vers l'an 138. Le même fait s'observe dans les cartes de Peutinger, composées, sous le règne d'Honorius, par un officier romain et publiées en 1598 par Ortelius. Ces chaussées, qu'on nomme de Brunehaut, sont faites de petites pierres à feu, qui ne se trouvent pas dans le voisinage des lieux qu'elles traversent ; les pierrailles ou gros gravois, avec lesquels ces chaussées ont été pour la plupart construites, leur durée et l'artifice qui les compose, marquent assez que c'est un ouvrage des anciens Romains, les plus laborieux et les plus magnifiques conquérants du monde. Les restes des aqueducs du Veieux-Mesnil, de Louvignies, jusqu'à Bavay, les vestiges des bains, que les ouvriers m'ont assuré d'avoir détruits dans le jardin et la prairie des prêtres de l'Oratoire, marqués B et D au plan, les masures des murs du Vieux Château, que l'on a marquées au plan des lettres I I I, et qui sont derrière le couvent des religieuses D, le nombre enfin de médailles des empereurs Romains, les unes d'or, les autres d'argent, d'autres de cuivre et de bronze, avec des inscriptions latines ou grecques, sont des preuves incontestables de l'ancienneté de Bavai et ne permettent pas de douter qu'elle n'eût quelques rapports avec l'ancienne Rome. L'aqueduc marqué au plan L. L. L., les chaussées militaires M. N. O. P. Q. R. S. T. V. sont encore des preuves de l'importance de cette ville. Les chaussées ne commencent à être droites qu'environ aux extrémités du plan, parce que leurs autres parties, qui ne sont point droites, paraissent avoir suivi les vestiges des anciennes rues ; car l'on prétend, à l'exemple de Rome, que tous ces grands chemins militaires ou chaussées partaient d'un point central ou colonne, qui est dans la place, que l'on a marqué au plan, cette colonne a été remplacée par un piédestal sans aucune inscription. Ce piédestal a été de nouveau remplacé en 1816 par un autre monument, qui a lui-même disparu en 1870 pour faire place à celui que nous y voyons actuellement.

G. — Les cloaques ou abreuvoirs marqués H, le Champ de Mars, dont on n'a pu découvrir la situation, le Capitole, le Palais, les Temples, les Théâtres, dont l'on n'a pu non plus rien découvrir de fixe, ont fait dire à un auteur du 17e siècle que Bavai pouvait être appelée la Rome Belgique.

Bavai a été détruit en l'an 406 probablement, mais les historiens n'en font pas mention.

Masse n'est pas d'avis que les chaussées soient l'œuvre de Brunehaut. Elles sont certainement l'œuvre des Romains ; tout au plus cette reine a-t-elle pu les réparer.

Masse rapporte ensuite une double inscription trouvée sur une pierre des Pères de l'Oratoire B, depuis quelques années, avec deux figures, qui sont sur la porte du jardin. La première figure, qui ressemble à Zénobie, reine de Palmyre, femme d'Odonat.

Ces figures sont dans des chapiteaux de l'ordre Corinthien, dont le sommet avait trois pieds et demi de diamètre.

La difficulté de trouver la signification fait qu'on les passe sous silence. Un savant, qui résidait à Maestricht, en a fait un ample renseignement, et ne définit pourtant rien. Masse en donne le texte dans la 6e partie.

Toutes les autres grandes pierres, qui se trouvent en terre de différentes couleurs, sont sans aucune inscription, par la raison qu'on allègue que ces peuples anciens n'avaient point la connaissance des lettres.

La 2e partie comprend d'autres remarques sur Bavai. Après avoir donné la situation topographique de la ville par rapport aux villes voisines, Masse dit que Bavai est d'une antiquité immémoriale et qu'il n'a rien pu en découvrir de positif que les vestiges des murs du château, marqués au plan des lettres I, dont il a mis les profils aux figures 1 et 4, à côté du plan. Sans doute cette capitale des Nerviens, après la défaite de ceux-ci par César, à Pont-sur-Sambre, fut détruite par les vainqueurs, qui voulaient rester paisibles possesseurs du pays, occupé par les Nerviens, nation très belliqueuse.

L'on n'a pu jusqu'à présent découvrir positivement en quoi consistait la ville de Bavay, ni en quel temps elle a été réédifiée par les Romains. On croit que c'est environ deux ans après J.-C., époque où la paix était générale, ce qui a peut-être incité l'empereur Auguste à faire bâtir le château de Bavay, qui était de figure ovale et qui avait de longueur 150 toises ou environ et de largeur 50 à 60 toises environ. Car il n'est pas contestable que les murs de ce château ne soient de la construction des Romains par leur fabrique, comme il sera expliqué plus loin. Et c'était dans cette forteresse qu'étaient les principaux édifices, temples et bains, comme l'on a pu découvrir par quelques inscriptions latines sur de gros blocs de pierre, qui sont dans le jardin des Pères de l'Oratoire de cette ville B. Les antiquaires sont fort embarrassés de trouver le sens de ces légendes, et l'on ne peut savoir s'il s'agit des premiers fondateurs de Bavay ou des restaurateurs. Ce qui est incontestable, c'est que cette ville devait être de très grande considération, puisque le peuple de ce temps-là et les souverains qui y régnaient avaient fait une dépense prodigieuse, pour y conduire les eaux de la fontaine de Floursies par un aqueduc d'une excellente maçonnerie, que l'on a expliqué par un mémoire particulier ci-joint. Car les premiers habitants de Bavay avaient placé leur ville sur un terrain haut, environné de trois côtés de fontaines, dont on a marqué celles qui entrent dans ce plan de la lettre K, et où prennent naissahce plusieurs petites prairies, qui tombent au Nord et à l'Ouest. Les eaux de ces fontaines s'écoulent dans un ruisseau, qu'on appelle de Louvignies, qui se décharge dans l'Haugneau près de Gussignies et qui se grossit insensiblement par un très grand nombre de sources et de petits ruisseaux. Par conséquent, les premiers habitants ne manquaient point d'eau bonne à boire et ce n'a pu être que l'opulence et la magnificence de la nation, qui ont fait bâtir l'aqueduc ci-dessus. C'était pour avoir plus abondamment de l'eau dans leurs bains publics et en plusieurs autres particuliers, où conduisaient différents canaux, que les ouvriers rencontrent souvent en cherchant des pierres dans les anciens vestiges, et qui étaient bâtis à peu près comme le principal canal avec les dimensions plus petites.

Cette ville était indubitablement fort grande, mais elle ne comprenait, selon toute apparence, que des faubourgs et villages autour du château, lesquels s'étendaient jusqu'aux diverses fontaines dites ci-devant, marquées K, où l'on trouve actuellement, dans des terres aujourd'hui labourables, un nombre infini de vestiges de murs, quand on creuse en terre.

La troisième raison, qui prouve l'opulence de l'ancienne Bavay, est la quantité prodigieuse de médailles des empereurs romains et autres et le nombre d'autres marques d'antiquité, qui ont été presque toutes mutilées par les peuples barbares, qui l'ont détruite. Cette ville avait pourtant été close, mais fort petitement, comme l'on en peut juger par le plan, enceinte de fossés et de remparts de figure ovale. Elle avait été ruinée par les Français, en 1534. Ceux-ci, après la prise de Landrecies en 1637, démolirent Bavay de fond en comble, ainsi que les villages des environs, et il n'était resté dans la ville que deux ou trois chaumières, que quelques pauvres malheureux rétablirent, pour se mettre à couvert de l'injure des saisons. Et en 1731 que moi, Masse en ai levé le plan, elle était assez bien rétablie, traversée par une principale rue, où aboutissent deux ou trois plus petites toutes bien pavées. Il y a une église paroissiale marquée A, petite, raccommodée et un peu agrandie en 1730. De plus un couvent des Pères de l'Oratoire B, fondé en 1637, où l'on enseigne les jeunes gens de la ville et de la campagne. Il y a en outre un couvent de Récollets C, où il existe une trentaine de religieux. Ils ont un beau bâtiment et un superbe jardin, surtout une belle allée de charmille sur le rempart. On y voit encore un couvent de religieuses de St-François D, fondé par Florence de Quiévrain en 1507. Il a été brûlé plusieurs fois, mais il est rétabli régulièrement depuis 1680 par la libéralité des gens de bien. La maison de ville E n'a rien de remarquable qu'une petite tour assez haute, En 1725, le roi a fait bâtir une prison très vaste, si l'on considère la petitesse du lieu, marquée F, où l'on amène toutes les filles de joies des villes circonvoisines, que l'on trouve débaucher les soldats et autres gens. Derrière les maisons de la principale rue, il y a beaucoup de jardins et de prairies remplis d'arbres. La paroisse est d'une assez grande étendue à la campagne et les hameaux qui en dépendent, Bugenies, Quêne-aux-leux, Audigny et le Louvion font environ 200 feux. Partie des maisons de cette ville sont de la paroisse de Louvignies, qui est proche des fossés du côté du Sud. Il y a encore une partie des maisons de Bavai qui dépendent de la paroisse de Houdain.

3ᵉ PARTIE. — **Suite des remarques sur la Ville de Bavay**

Au premier siècle, Bavay a été très considérable. Les vestiges des murs qui paraissent encore à un endroit du côté du Nord et de l'Ouest, et qui enveloppent partie du jardin des Pères de l'Oratoire à l'Ouest, quoi que très dégradés, surtout au parement, en sont un sûr garant. Ces murs ont communément 12, 13, 14 à 15 pieds d'épaisseur. On ne peut pourtant pas déterminer cette épaisseur, à cause de leur grand écorchement, comme l'on peut le remarquer au profil mis à côté du plan, aux figures 1 et 4. Il y a habituellement deux murs joints l'un contre l'autre ; on les aperçoit encore en plusieurs endroits qu'il y en avait trois ; ils ont parement de gros moëllons piqués sans liaison de l'un à l'autre. Ils avaient talus dans l'intérieur pour arc-bouter contre l'extérieur, apparemment pour que le premier mur résistât mieux aux machines militaires de ce temps-là. L'entre-deux de ces murs, qui se joignaient par en haut et avaient d'épaisseur 10 à 12 pieds, était rempli de pierres brutes, et faisait dans la fondation une espèce de galerie, où d'anciens ouvriers du pays m'ont assuré avoir été aisément. Ces deux ou trois murs étaient assis un peu plus bas que le rez-de-chaussée et établis sur de grosses pierres sèches, brutes, sans arrangement, et j'ai vu à une cave, creusée sous ces murs, dans la ville, qu'ils avaient 22 pieds d'épaisseur, compris le mur sec. Il ne paraît point que les fossés fussent en usage dans le temps que ces murs ont été bâtis et encore moins le rempart de terre intérieurement, comme l'on peut aussi remarquer au profil de la figure 4, marqué au plan pris à l'endroit des lettres CD. Il n'y avait rien d'autre que l'épaisseur du mur bordé par un parapet, apparemment percé de créneaux, fenêtres ou embrasures, par où les défenseurs lançaient les dards et les flèches, et les profils en donnent idée. Ces murs étaient conduits sans art, ni proportion, ni symétrie, flanqués par de petites tours distantes de 10, 12 à 15 toises, et quelques-unes jusqu'à 45 toises, plus ou moins, et ces tours avaient de diamètre 18, 20 à 24 pieds. Il restait encore en 1731 environ 160 toises de longueur, dont partie est entourée d'un fossé, comme l'on peut remarquer au profil de la figure 1, pris à l'endroit des lettres A et B.

La ville moderne, qui est d'une figure ovale, a de longueur 325 toises et de largeur 190, le tout enceint de murs très ruinés et très bas, partie sans parement. Les habitants disent qu'il était fait de grès, qui ont été transportés à Mons et ailleurs. Les murs de l'enceinte moderne étaient sis sur une berme de 5 à 6 pieds de largeur et élevés, au-dessus du rez-de-chaussée, de 5, 6, 7 à 8 pieds. Ils étaient beaucoup plus hauts, quand ils étaient en état. Les fossés sont d'une largeur inégale d'environ 12, 13, 14 à 15 toises par en haut, et en bas d'environ 3 à 4 toises. Ils avaient communément de profondeur 10, 12 à 15 jusqu'à 18 pieds à la contrescarpe et beaucoup plus à l'escarpe, où ils comptaient jusqu'à 24 et 25 pieds. Par conséquent le rempart domine beaucoup sur la campagne, comme l'on en pourra juger par les différents profils mis à côté du plan de la figure 5, pris à l'endroit des lettres rouges EF, et au profil de la figure 6, pris aux endroits du plan, aux lettres G.H. et au profil 7, marqué au plan des lettres I et K.

Cette enceinte moderne était remparée presque dans tout son pourtour, mais fort étroite dans plusieurs endroits. En quelques-uns, les différentes nations, qui ont occupé cette ville lui ont formé des espèces de parapets pour se couvrir de la mousqueterie. Les Français ont tenu différentes fois garnison considérable de cavalerie et infanterie en cette ville, de même que les Alliés et les Espagnols, qui la palissadaient, surtout la berme, et qui barricadaient les portes, quand ils en étaient maîtres. On n'en voit plus que les places. Les tours et autres ouvrages qui les formaient sont très dégradés ; il ne reste plus que le moëllon du centre et l'on ne peut pas juger de leur figure. Il y avait des ponts-levis et des ponts-dormants ; mais à présent les fossés sont traversés par des chaussées pavées ; toute la ville est bien pavée aussi.

L'on n'a point pu découvrir en quel temps et par quelle nation l'eneceinte moderne de Bavay a été bâtie. Il faut qu'il y ait longtemps et avant que la fortification fut démonstrative et eût des règles, afin que les ouvrages et corps de place se défendissent réciproquement les uns les autres ; car ceux qui ont fait cette enceinte, n'avaient aucun principe de l'art militaire pour la défense des places ; attendu qu'il n'y avait que quelques petites tours, au hasard, par-ci par-là, qui ne pouvaient que très légèrement défendre les courtines et la plupart, point du tout. La force de cette ville ne consistait qu'en fossés profonds et larges et en remparts élevés communément en plusieurs endroits de 8 à 10 pieds au-dessus du rez-de-chaussée de la campagne. La place n'est nullement commandée car elle occupe le sommet d'une plaine haute ; il n'y aurait de défectueux, si un jour on voulait fortifier cette ville, que les côteaux qui tombent du côté de l'Ouest jusqu'aux prairies, où coule la petite rivière de Louvignies, et un vallon du côté du chemin de Valenciennes marqué au plan M. La ravine ou chemin creux du Quesnoy marqué X est encore un obstacle. Il y a une plaine du côté du Nord, de l'Est et du Sud, et les côteaux, qui vont en pente douce jusqu'aux prairies ne formeraient point d'obstacles pour en faire une bonne place. On m'a conté dans le pays, qu'on avait proposé aux préliminaires de la paix d'Utrecht de la céder pour barrière aux Hollandais, qui avaient résolu d'en faire une place très forte. C'est ce que m'a assuré un homme de distinction, qui était alors à leur service.

En l'état qu'était la frontière en 1731, Bavay aurait besoin d'un poste défensif pour tenir un petit corps de troupes, cavalerie et infanterie, pour la communication et la sûreté des convois de Valenciennes à Maubeuge, aussi bien que du Quesnoy, Condé, etc., et pour assurer la plaine contre les courses des garnisons de Mons, St-Ghislain et autres places, qui appartiennent à la Maison d'Autriche. Cela pourrait se réaliser au moyen d'un fortin ou château dans un pré, qui est au Nord-Ouest du jardin des Pères de l'Oratoire, entre les lettres A et B, C et D marquées en rouge, en élevant une simple clôture d'un mur à deux étages, percé de créneaux, enceint de petits fossés, en se servant en partie des anciens murs du château, en les rempiétant, en refaisant leur parement et en adossant le rempart contre ses murs. On bâtirait des logements pour environ une centaine d'hommes et une compagnie de cavalerie. On y mettrait une couple de petites pièces de canons pour avertir les places voisines, quand l'ennemi paraîtrait. Cela suffirait, car de vouloir fortifier Bavay selon les règles observées en ce temps-ci, ce serait une grosse dépense et qui demanderait une garnison réglée et un état-major. En temps de guerre, ce château ou réduit servirait à protéger une plus ample garnison, que l'on jetterait dans cette ville, en attendant qu'on eût mis en état ces retranchements, pour soutenir un coup de main.

Il y a sous l'église, sous la place et ailleurs, des souterrains où les ouvriers et les habitants allaient librement ; mais l'on en a bouché les entrées, pour éviter les désordres et les dégradations ; et ils disent qu'il y a de belles chambres bien pavées avec des murs peints.

Aujourd'hui le pourtour de la ville se compose de terres labourées, excepté du côté du Sud-Ouest, où il y a plusieurs jardins. On trouve une infinité de fondations de maisons, gros et petits murs, bâtis de moëllons et de grosses pierres de grès grises et bleues, et l'on rencontre dans toutes ces masures, qui sont toutes couvertes de terre, quand on en arrache les fondations, beaucoup de médailles des empereurs romains, quelques-unes d'or, des petites en argent, quelques-unes en cuivre doré, mais presque toutes de cuivre rouge, d'autres de cuivre jaune, beaucoup très bien estampées. Les habitants les savent très bien vendre, quoique la plupart dans leur ignorance les appellent des Mahomets. Il est difficile de leur faire entendre que ce ne sont point des portraits de Sarrasins, pas plus que tous ces anciens murs et vestiges, que l'on trouve en différents endroits, ne sont l'ouvrage de ces peuples, qui ne passèrent jamais la Loire, puisqu'ils furent exterminés près de Tours par Charles-Martel, en 726.

Puisque les Barbares n'ont rien fait de remarquable à Bavai, il faut donc que tous ces édifices soient romains. Ils ont été élevés à la suite de la conquête de la Gaule par César, après la bataille de Pont-sur-Sambre. Mais les ravages faits par les Barbares ont anéanti tous les mémoires, sur lesquels on pouvait compter. Il y a apparence que quand le Christianisme s'établit dans le Hainaut, entre les 5e, 6e et 7e siècles, les ministres apostoliques y prêchèrent l'Evangile et eurent grand soin de brûler tous les manuscrits, qui parlaient de Bavay, à cause du grand nombre de temples, que l'on assure y avoir été, et pour ôter aux nouveaux chrétiens toute connaissance de leurs idoles. Tout fut détruit, excepté partie des murs du château, le grand aqueduc et les chaussées militaires.

La commune opinion est que cette ville fut réédifiée sous l'empereur Tibère, à ce que l'on déduit de quelques inscriptions au jardin des Pères de l'Oratoire. Il ne faut ajouter aucune foi à une histoire particulière de Bavay, écrite en gothique, qui est aux trois quarts fabuleuse, mais il est sans contestation que Bavay a été très fameux au 1er siècle, puisqu'en 1731 que moi, Masse, je levais la carte de ce pays-ci, j'ai reconnu en divers endroits les vestiges d'un aqueduc, qui conduisait les eaux de la fontaine de Floursies, qui est à plus de 10.000 toises de Bavay, et ou il y a trois sources considérables. Ce qui est sûr c'est qu'on découvre en divers endroits, dans les terres hautes, le sommet des voûtes de l'aqueduc, que le vulgaire appelle buises, surtout à l'Hermitage du bois de Louvignies, marqué à la carte 28 ; l'on a défait ces voûtes depuis quelques années ; mais au village du Vieux-Mesnil 33, qu'on a marqué au profil ci-joint de la lettre D, il reste tout à l'entrée, à l'Est de l'Eglise, au bord d'un grand chemin, quantité de morceaux de gros murs de cet aqueduc, bâti d'un excellent mortier de sable graveleux que l'on allait chercher loin. Les parties et massifs de ces murs étaient fondés sur pierres brutes. Dans d'autres parties, où le terrain baissait, on voit des fondations de piles d'arcades. Au bout de ce village, du côté du Sud, au commencement d'une grande plaine, il y a aussi les vestiges d'un grand mur, où passait cet aqueduc. (Apparemment que c'étaient quelques portiques allant du village du Vieux-Mesnil à celui de Boussières) (1). On y voit paraître le

______

(1) l'on a marqué sur la carte de Bavay le canal ou route de l'aqueduc jusqu'à la rivière de Sambre, (autant qu'on l'a pu découvrir) par une ligne de points rouges doubles et l'on a mis sur cette carte les lettres aussi en rouge B. C. D. E. I et G pour que l'on ait une idée des endroits où cet aqueduc passait par rapport aux vestiges que l'on découvre aux différents endroits.

sommet de cet aqueduc, qui s'enfonçait entre ces deux villages, dans terre en quelques endroits, pour attraper le niveau de 8 à 10 pieds, à ce que disent les habitants ; et dans les vallons, il y avait apparemment des arcades dont les fondations ont été entièrement arrachées. Mais au commencement du village de Boussières, marqué 34, l'on trouve, à la partie la plus haute, beaucoup de vestiges en descendant du côté de la Sambre et un grand nombre de ces piles, qui étaient communément de 18 à 20 et 22 pieds de distance. Les dés de ces piles ou massifs avaient 7 à 8 pieds de largueur, et l'on en voit encore des vestiges de fondations jusqu'à la rivière de la Sambre, 38. Dans la partie la plus basse, qui est en prairies, j'ai vu l'emplacement des piles, dont un paysan m'a assuré avoir aidé à achever d'arracher les fondements, il y a quelques années, et il en reste encore à hauteur du rez-de-chaussée. Cet aqueduc passait devant l'église du village de Boussières 34, où il y a encore beaucoup de fondations. On voit, à peu près au milieu de la rivière de la Sambre, au chiffre 38, le reste d'une pile, qui déborde de 2 ou 3 pieds la superficie de l'eau et que l'on dit être d'une maçonnerie très dure. Au sommet du petit côteau de l'autre côté de la rivière paraissent au chiffre 38 les vestiges d'un gros mur, qui était la continuation de cet aqueduc, d'où commençait, selon toute apparence, le pont et arcade qui portait le conduit et canal jusqu'aux vestiges des arcades sus-dites. Il aurait pour le moins 30 pieds de hauteur. C'est une absurdité et une ignorance des gens du peuple de dire que cet aqueduc passât sous la rivière. Ils donnent pour raison qu'il y a de la maçonnerie, qui était la fondation d'une pile à l'autre, ou bien les débris de l'aqueduc, qui sont tombés dans le fond que le peuple n'avait pas pû arracher, ce que l'on a été obligé de faire, quand l'on a rendu la Sambre navigable. Il est incontestable que dans tous les endroits bas et dans les vallons, qu'il y coule un ruisseau ou non, les constructeurs de l'aqueduc avaient fait des arcades pour conduire l'eau de niveau, surtout au fond du château d'Audignies 32, et à celui au Nord du village du Vieux-Mesnil 33, où il passe un ruisseau. Mais l'on ne voit point de vestiges des piles, parce que le peuple, pour profiter des terres qu'elles occupaient, tant prairies que labourables, ont tout arraché. Les parements de ces piles étaient de grès en forme de moëllons piqués, de 6 pouces de hauteur et 4 pouces de plat sur 7 à 8 pouces de queue plus ou moins, avec des bandes qui les traversaient de 2 à 3 briques ou carreaux plats d'environ 8 pouces de longueur sur 7 ½ de largeur et uun pouce d'épaisseur. Il se trouve à Bavay et dans ses environs des carreaux de terre cuite de 15 pouces de longueur sur 10 de largeur et 2 d'épaisseur, avec quoi était bâti cet aqueduc. Il était entremêlé de boutisses et panneresses, de même que de bandes ou chaînes plates de ces dites briques dans la construction des piles massives de cet aqueduc, aussi bien qu'aux murs du château et aux autres édifices. C'était la véritable manière dont construisaient les Romains dans leurs ouvrages publics, comme j'ai vu en différents endroits de leurs ampithéâtres et murs de ville ; car ils ne se fiaient pas beaucoup à la solidité de la pierre de taille, qui est sujette à se dégrader et à s'éclater. Il se trouve pourtant, en différents endroits, de grosses pierres bleues et grises, autour de Bavay, surtout beaucoup de grés, à l'Est de cette ville et le long de la rivière de l'Hogneau, dont les anciens auraient pu se servir et dont ils ont fait tous leurs parements et murs de ville.

A l'égard des dimensions de l'aqueduc, je n'en dirai rien de positif qu'au rapport des ouvriers, qui ont aidé à en défaire des parties. On en a mis un plan à la figure 3, à la colonne à droite, et le profil à la figure 4. Il avait ordinairement 3 pieds de hauteur, 17 à 18 pouces de largeur ; les murs des côtés mesuraient 3 pieds de hauteur, 17 à 18 pouces de largeur ; les murs des côtés mesuraient 3 pieds d'épaisseur ; le canal était recouvert par une grosse pierre bleue ou de grès de 5 à 6 pieds de longueur sur un pied d'épaisseur. Le pavé était fait de gros carreaux de terre cuite ou de briques toutes d'une pièce, avec un petit ourlet aux extrémités, sur lequel portait un enduit d'un excellent ciment, fait de briques et de cailloux pilés, de sable graveleux détrempé avec une excellente chaux faite de pierres dures, puisque l'on a beaucoup de peine à dé-

faire cet enduit, qui est plus dur que la pierre même.
Ce canal était porté sur un massif de maçonnerie excellente de pierres brutes dures ; les pierres baignaient
dans un bon mortier fait de sable, de gravois et de pierres broyées, toute la masse portée sur une saule de pierres brutes, enfoncée plus ou moins, selon que le terrain le requérait, pour conduire l'eau de niveau, c'est-
à-dire avec une pente raisonnable, depuis sa source 44
jusqu'à Bavay, où l'on découvre encore les vestiges du
canal ou conduit, qui écoulait les eaux des bains et
réservoirs dans le ruisseau de Louvignies. Je n'assure
point positivement ces dimensions, n'en ayant vu que
des parties par-ci par-là ; le surplus n'est que sur le
rapport des gens du pays.

4e Partie : **Autres remarques sur la Ville de Bavay**

La vieille enceinte de Bavay, bâtie par les Romains,
est d'une construction singulière. Il paraît en différents
endroits qu'il y avait trois murs, adossés les uns contre
les autres, avec parements de moëllons ou de grès piqués de 4, 5, 6 à 7 pouces de hauteur, sur 6, 8 à 10
pouces de base et 9 à 10 de queue, posés assez horizon-
talement par assise réglée avec des bandes de deux assises de grosses briques avec les dimensions énoncées ci-
devant. Ces assises traversaient toute l'épaisseur du
mur, distantes les unes des autres de 4, 5 à 6 pieds. Il
n'y avait que le premier parement de cette enceinte qui
fût bien dressé, aussi bien que celui de l'intérieur, qui
avait talus contre le gros mur ; le percement extérieur
avait très peu de talus. Il paraît que l'intention des
constructeurs de ces murailles était que quand la première chemise était renversée avec les béliers et autres machines, dont on se servait avant l'usage du canon, il se trouvât une seconde muraille dans tout son
entier, puisqu'elles n'étaient point liées l'une à l'autre,
et comme ces murs sont fondés peu avant dans terre
et qu'ils sont assis sur de gros moëllons et de grosses
pierres brutes, c'était apparemment pour que l'assiégé
pût découvrir avec plus de facilité où l'assiégeant faisait sa mine. Car quand les anciens trouvaient des
murs bâtis solidement,l'histoire fait mention qu'ils pas-
saient par-dessous pour entrer dans les places. J'ai vu

encore beaucoup de ces anciens murs, qui étaient couverts de tuiles ou bosses pour que les défenseurs puis-
sent se garantir de leurs ennemis et conserver leurs
murs à l'abri des injures du temps.

Fait à Lille, le 22 Juin 1731.   ASSE.

La 5e partie contient quelques remarques sur l'origine prétendue de Bavay, qui serviront de supplément
ou d'addition à ce mémoire.

Masse expose brièvement l'origine fabuleuse de Bavai, écrite par un historien et imprimée à Paris 200 ans
auparavant.

Il rappelle que l'an 42 du règne d'Auguste se fit le
dénombrement de l'empire romain et qu'il se trouva à
Bavay plus de 80.000 chefs de famille ; mais il croit que
les 80.000 maisons n'étaient que des cabanes bâties de
terre, appelées communément colombages, couvertes de
tuiles ou d'ardoises, parce qu'il s'en rencontre peu dans
les vestiges que l'on trouve actuellement et qu'il n'y
avait que les maisons de distinction, qui étaient bâties
de pierre et peut-être les temples, qui n'ont jamais été,
croit-il, de la magnificence de ceux des Grecs et des
Romains. Tout au plus y en a-t-il eu quelques-uns bâtis
selon les règles de l'architecture de ces nations, comme
il paraît d'après quelques chapiteaux et morceaux de
colonnes, et ce n'a été qu'à la réédification qu'ont faite
les Romains de cette ville. S'il était vrai qu'il y eût
eu à Bavai tant de temples magnifiques, on en trouve-
rait des fondations considérables. Or puisque les murs
qui se trouvent en terre n'ont d'épaisseur qu'un pied
ou deux qui se trouvent en terre n'ont d'épaisseur
qu'un pied ou deux et fort peu trois, il est plus naturel
de croire que leurs idoles étaient placées dans des bois,
sous des arbres ou dans des cabanes. Leurs dieux
étaient à peu près les mêmes que ceux des Romains.

Fait à Lille, le 30 Mars 1732.

La 6e partie est la copie d'une longue discussion de
la double inscription citée dans la première partie.

En voici la traduction : La 1re : Aux Dieux mânes.
A. Q. Pompeius Crispus et à Tarquinia Secunda ses pa-

rents, Pompeius Victor a élevé ce monument. La 2ᵉ : Aux Dieux mânes. M. Pompeius Victor, questeur des citoyens romains établis dans la cité des Nerviens, a élevé ce monument de son vivant pour lui et pour Socratia Secunda, son épouse. L'auteur, un savant de Maëstricht, discute à la fin l'attribution des figures. Il conclut qu'elles représentent Quintus Pomponius Crispotius et son épouse Tarquinia, ou bien Marcus Pomponius Victor, leur fils, et Socratia Secunda, leur belle-fille et non le tyran Citiades et Zénobie, reine de Palmyre.

Lucien LEMAIRE,

Professeur au Lycéc Faidherbe, à Lille
Secrétaire de la Commission historique
du Département du Nord
Membre de la Société Archéologique
d'Avesnes, etc., etc.

MÉMOIRE

sur la Ville de Bavay

dans le pays d'Hainaut

RELATIF AU PLAN CY JOINT

———◆———

Extrait d'un mémoire du comté d'Hainaut, dont je me suis servis en partie sur lequel j'ai corrigé ce qui ne paroissez point vrai-semblable.

———

L'an quarante-deuxième de l'empire d'octavien Auguste au sixième âge du monde, l'Evangile commença à étre préchée dans les Gaules.

Cependant la nation des Nerviens subsistoit toûjours avec eclat des l'an 144 de Rome, qui étoit la dixième année avant l'Ere du Sauveur, on voit Senectius et Anectius Tribuns de la Cité, cest adire, l'Etat des (2) Nerviens combattre parmi les plus illustres capitaines des Romains dans la guerre que Drusus fils de Livie femme d'Auguste, fit contre les nations au delà du Rhin.

L'Inscription d'une pierre trouvée dpuis peu a Bavay confirme que cette ville étoit alors remarquable, le batiment auquel cette pierre a servi, étoit dedié à Tibere fils d'Auguste petit-fils de Jules Cesar a son arrivée, et dressée par les soins de Cnœus Licinius, ce qui se raporte au temps de la guerre que Tibere fit aux Germains sous le règne d'Auguste pendant les trois années qui suivirent la fameuse défaite de Quinctilus Varus et de ses trois légions.

L'inscription de cette pierre est telle :

TI ᐁ CAESARI ᶜ AVGVSTI. F. ᐁ

DIVI. NEPOTI ᶜ ADVEN̄V o∫o

EIVS. SACRVM

C. N. LICINIVS o∫o C. F. VOL. NAVOS.

(3) ce qui se lit ainsi, Tiberio Cesari Augusti filio, divi nepoti, adventui ejus sacrum, Cnœus Licinius curavit fiéri voluntarios Navos. Ce qui est la même chose que Voluntarius Navus, selon les savans a qui nous laissons a en juger.

Tibere étant nommé Cesar cette inscription ne peut être anterieure a l'an 4e de Jésus-Christ, et ny étant pas nommé Auguste, elle ne peut être postérieure a l'an 14, étant dédiée a son entrée à Bavay, ce qui n'a pu se faire que les années 11 ou 12 du Sauveur, on a placé cette pierre sur la porte du jardin de la maison des prêtres de l'oratoire de la même ville l'an 1716.

Ptolomée tres celebre géographe de l'Empire Romain fait Bavay la capitale des Nerviens, Nervi quorum civitas Baganum, cet auteur écrivoit sous l'Empereur Antonnin qui avoit succedé à Adrien l'an 138 de Jesus-Christ. Litineraire de l'Empereur antonin, fait Bavay le centre des routes et des postes pour la meilleure partie de la Gaule Belgique, il y marque la route de Boulogne à Terrouanne, de là à Cassel, à Verwic sur la Lis, à Tournay, a Escaupont près de Condé, enfin a Bavay, il trace aussi la route de Bavay a Reims par Vervins, Cressy et deux autres endroits qui nous sont apresent inconnus.

Les cartes géographiques d'un ancien officier Romain qui vivoit sous Honorius, ont été trouvées en Allemagne par Conrad Peutinger sous l'Empereur Maximilien premier, et ont été données au public l'an 1598 par Ortelius. On y trouve la route de Cassel à Verwic, de Tournay à Escaupont, enfin à Bavay. Il y a encore une autre route de Cassel à Terroüanne, Arras, Cambray, hermoniac, et Bavay.

Les chaussées qu'on nomme dans les Provinces d'Artois, de Hainaut et de Namur, de Brunehaut Reine d'Austrasie et femme de Sigebert premier, prouvent l'antiquité de la ville et sa dignité. Ces chaussées sont faites de petites pierres à feu qui ne se trouvent pas dans le voisinage des lieux qu'elles traversent, les pierrailles ou gros gravois avec lesquels ces chaussées ont été la pluspart construits, leur durée et l'artifice qui les composent marquent assez que cest un ouvrage digne de ces anciens Romains, les plus laborieux et les plus magifiques conquerans du monde, les restes des aqueducs du Neuf-Mesnil, de Louvignies jusqu'à (5) Bavay, les vestiges des bains que les ouvriers m'ont assurez d'avoir détruits dans le jardin et prairie des prêtres de L'oratoire marquez B et D au plan, les masures des murs du Vieu chateau que l'on a marqué au plan des lettres I.I.I. sont derrière le couvent des religieuses D et le nombre infini de médailles des Empereurs Romains, les unes d'or, les autres d'argent, d'autres de cuivre et de bronze, avec des inscriptions latines ou grecques, qui font une preuve incontestable de l'ancienneté de Bavay, on ne peut douter qu'elle n'eût quelque rapport à l'ancienne Rome, les aqueducs marquez au plan L. L. L., les chaussées militaires M. N. O. P. Q. R. S. T. V. sont des preuves de l'importance de cette ville. Ces chaussées ne commence a étre droites qu'environ aux extremitez du plan, parce que les autres parties de ces chaussées qui ne sont point droites paroissent d'avoir suivis les vestiges des anciennes rues, car lon pretend a l'exemple de Rome que tous ces grands chemins militaires ou chaussées partoient d'un point central ou colonne qui est dans la place que lon a marqué au plan de la lettre G., les cloacques ou abbreuvoirs marquées H., le champ de Mars qu'on n'a pû découvrir où il étoit, le Capitole, (6) le Palais, les Temples, les Theatres, dont lon n'a pû aussi rien découvrir de fixe, cest ce qui a fait dire a un auteur celebre du 17me siecle que Bavay pouvoir étre appellée la Rome belgique.

Plusieurs historiens mettent la destruction de Bavay en l'année 406, mais les historiens du temps n'en font pas mention.

Les historiens du pays bas attribuent à la reine Brunehaut, les chaussées qui vont de Bavay à Càmbray, à

Arras, à Terroüanne et jusqu'à la mer, mais comme ces chaussées paroissent être des chemins militaires faits par les Romains, tout au plus la gloire lui est deüe de les avoir reparées, ou bien a un autre Prince appelé Brunus, cest ce qu'elle a pû executer lorsque le Roy Sigebert son mary s'etoit rendu maître d'une partie des Etats de Chilperic son frère, cest ce qu'il semble que l'historien Aimoin a insinué quand il dit d'elle, qu'elle faisoit gloire de relever les ouvrages publics qui tomboient en ruine.

Lon assure par tradition que la chaussée qui alloit (7) de Bavay à Treves sur la Moselle que lon a marqué au plan Q. (1) étoit couverte avec un hangart de thuiles pour faciliter en tout temps l'aller et venir pour le culte des idoles qui étoient en grand nombre à Bavay et Treves, et que ce fut un seigneur conquerant du pays nommé Ursus qui avoit usurpé les Etats sur les légitimes souverains du pays, lequel n'a point eu de postérité.

Voici une inscription trouvée sur une pierre dans le jardin des pres de L'oratoire de Bavay B depuis quelques années, avec deux figures qui sont sur la porte du jardin :

D. M.	D. M.
Q. POMP. CRISPOT	M. POMP VICTOR
TART SACVNDÆ	Q. C. R. C. N.
POMP VICTOR	SIBI ET OCRATIÆ
PARENTIB FECIT	SECVNDÆ VXORI VIVOS. F.
Première figure qui ressemble a Citiades premier tyran	Seconde figure qui ressemble a Zenobie reine de Palmyre femme d'Odonat

Ces figures sont dans des chapiteaux de l'ordre Corinthiens, dont le sommet avoit trois pieds et demi de diamètre. (8). La difficulté de trouver la signification, fait qu'on les passe sous silence, un savant qui residoit à Mastricht en a fait un ample raisonnement, et ne défini pourtant rien.

Toutes les autres grandes pierres qui se trouvent en terre de différentes couleurs, sans sans aucunes ins-

---

(1) On reçonnoit encore cette chaussée jusqu'a la Meuse au rapport d'un ancien autheur.

criptions, par la raison qu'on allègue que ces anciens peuples n'avoient point la connoissance des lettres.

La raison qui peut avoir contribué aux auteurs modernes, de ne rien dire de positif touchant Bavay, est que pendant le 11ᵉ et 12ᵉ siècle on appeloit le hainaut et les petites provinces voisines situées entre la Meuse et la rivière de l'Escaut, la basse-Lorraine.

Autres remarques sur la ville de Bavay

Cette ville est sise dans un plaine haute dans la province du hainaut francois a quatre lieus environ de, Mons capitale de (9) cette province, a 3 grandes lieues de Saint-Guislain, a 5 de Condé, a 4 de Valenciennes, a 10 de Cambray, a 6 du Cateau-Cambresis, a 3 du Quesnoy, a 5 de Landrecies, a 5 d'Avesnes, et a 3 lieues de Maubeuge. Cette ville de Bavay et d'une antiquité immémorable, dont lon ne peut rien découvrir de positif, que les vestiges des murs du chateau que lon a marqué au plan des lettres I et lon a mis les profils aux figures 1 et 4 a côté du plan, mais tous les historiens et la tradition conviennent qu'elle étoit capitale des Nerviens, et quand Jules Cesar premier empereur des Romains fit la conquête des provinces et pays en deçà du Rhin, trouva en cette ville de Bavay des puissants peuples, joins avec leurs differens allez et voisins qui formoient des armées tres considerables et eurent l'hardiesse d'aller au devant de ce conquérant pour lui empêcher le passage de la riviere de Sambre qui passa pourtant a un endroit où il ny avoit que trois pieds d'eau qui peut étre à Bachant à l'Est de Pont-sur-Sambre, mais lon ne peut point decouvrir que par la tradition hazardeuse, l'endroit où se passa ces grandes actions tant du côté des Romains que de la part des Barbares ou Nerviens, comme Jules Cesar le raporte (10) dans ses Commentaires, ce qui arriva environ 52 ou 53 ans avant l'Ere des Chrétiens ou naissance de Jésus-Christ, et qu'après le gain de cette bataille qui fut reprise à differentes fois, et que les naturels du pays eurent été entièrement defaits, les Romains prirent apparamment Bavay et la detruisirent à ce que lon croît pour tacher de demeurer paisible possesseur du pays qu'occupoit les barbares, et surtout les Nerviens nation très belliqueuse.

Lon n'a pas pû jusqu'à présent découvrir positivement en quoi consistoit la ville de Bavay, ni en quel temps elle a été réedifié par les Romains que l'on croît étre environ deux ans apres la naissance du Seigneur qui étoit le temps où tous les hommes connus alors, jouissoient d'une paix generale, qui peut-étre occasionna à l'Empereur Auguste qui regnoit dans ce temps, de faire batir le chateau de Bavay, qui étoit de figure ovale et qui avoit de longueur 150 toises ou environ et de largeur 50 à 60 toises environ car il est incontestable que les murs de ce chateau ne fussent de la construction des Romains par leurs fabriques comme il est expliqué dans ce mémoire, et cétoit (11) dans cette forteresse où étoient les principaux édifices, Temples et bains comme lon a pû découvrir par quelques inscriptions latines, sur des gros blocs de pierres qui sont dan le jardin des peres de L'oratoire de cette ville. B. ou les antiquaires sont fort embarrassez de trouver le sens de ces legendes, et lon ne peut savoir si cétoit des premiers fondateurs de Bavay ou des restaurateurs ce qui est incontestable, et qu'il falloit que cette ville fut de très grande consideration puisque le peuple de ce temps là et les souverains qui y regnoient avoient faits une depence prodigieuse pour y conduire les eaux de la fontaine de Floursies marquée 44 a la carte generale, qui est a l'Est d'Avesnes, par un acqueduc d'une excellente maçonnerie que lon a expliqué par un mémoire particulier cy joint, car les premiers habitans de Bavay, avoient placez leurs ville ou habitation sur un terrain haut environné de trois côtez de fontaines dont lon a marquées celles qui entrent dans ce plan de la lettre K où prennent naissance plusieurs petites prairies qui tombent au nord et à l'ouest, où sécoulent les eaux de ces fontaines, dans un principal ruisseau ou petite rivière que lon (12) appelle de Louvignies qui se décharge dant l'hauniaut proche de Gusegnies qui se grossit insensiblement par un tres grand nombre de sources et petits ruisseaux, par consequent les premiers habitans, ne manquoient point d'eau bonne à boire, et ils ne pouvoient avoir que l'opulence et la magnificence de la nation qui avoit bâti l'acqueduc cy dessus, dont lon a marqué un petit bout dans le plan cy joint des lettres L. et lon découvre encore le sommet des voutes que le vulgaire appelle buises, et lon en a mis le plan à la figure 2 et le profil à la figure 3 à côté du plan, cétoit pour avoir plus abondamment de l'eau dans leurs bains publics, et en plusieurs autres particuliers que conduisoient differens rameaux ou canaux, que les ouvriers rencontrent souvent en cherchant des pierres dans les anciens vestiges qui étoient bâties a peu prés comme le principal canal avec les dimensions plus petites.

La seconde preuve incontestable de l'importance de Bavay, étoient les sept chaussées qui y aboutissoient a une pierre (13) central (1) marquée G. qui étoit dans la place qui a été détruite, lon tient même quil y en avoit huit de ces chaussées, les renvoys a côté du plan expliquent où elles conduisent, cétoit l'ouvrage d'une grande puissance qui ne pouvoient être que les Romains, que le vulgaire attribué à la reine Brunehaut qui étoit souveraine de l'Austrasie, ou un seigneur qui s'appeloit Brunus, qui au plus les a fait reparer, et il est plus probable que les premiers constructeurs de ces chaussées s'appeloient Brunaux, Brunus ou Brutus, l'ignorance des peuples l'a attribué a cette reine, ce qui a passé dans le pays par tradition jusqu'a 1731 où nous sommes, cette ville a été incontestablement fort grande, mais qui nétoit selon toute apparence que des fauxbourgs et villages autour du chateau de Bavay qui s'étendoient jusqu'aux diverses fontaines dites cy devant marquées K où lon trouve actuellement, dans des terres aujourd'hui labourables nombre infini de vestiges de murs, quand on creuse dans terre.

La 3me raison qui prouve l'opulence de l'ancien Bavay et la quantité prodigieuse de médailles des Empereurs Romains e tautres, de toutes especes de méteaux, comme lon a dit déjà ailleurs, (14) et nombre dautres marques d'antiquité, qui ont été presque toutes mutilées par les differens peuples barbares, qui ont pillées, saccagez, brulez, détruits et anneantis cette malheureu-

---

(1) Ce pied destal qui y est aujourdhuy est moderne sans aucune inscription.

se ville, entre autres les Vandales, les Alains, les Gots, les Huns, les Germains enfin les premiers françois, elle avoit pourtant été close mais fort petite comme lon en peut juger par le plan, enceinte de fossez et remparts de figure ovale comme il est dit dans ce mémoire. Cette ville avoit été détruite par les françois en 1534 sous le regne d'Henry 2me roy de France.

Après la prise de Landrecies en 1637 par les francois, elle ne fut gueres mieux traitée, car ils la pillerent, brullerent et détruisirent toutes les maisons et églises, aussi bien qu'aux villages des environs, et il nétoit resté dans la ville que deux ou trois chaumieres que quelques pauvres malheureux rétablirent pour se mettre à couvert de linjure des saisons et en 1731 que moi Masse en ait fait lever le plan, elle étoit assez bien rétablie, traversée par une principale rüe, ou en aboutit deux ou trois plus petites, toutes bien pavées, il y a une église paroissiale marquée A. petite, raccommodée et un peu r'agrandie en 1730. De plus un couvent (15) ou maison de peres de l'Oratoire B fondé en 1637 qui enseignent les cinq premieres classes gratis aux enfants de la ville, et ne prennent pension que de ceux de la campagne qui y sont en grand nombre, fils de censiers et paysans aisés, de plus il y a un couvent de recollets C où ils sont environ une trentaine de religieux, ils sont bien bâtis et ont un beau jardin surtout une belle allée de charmilles sur le rampart, il y a outre cela un couvent (1) de religieuses de St-François D, la maison de ville E. n'a rien de remarquable qu'une petite tour assez haute, en 1725 le Roy a fait bâtir à Bavay une grande prison pour la petitesse du lieu marquée F où l'on amène toutes les filles de joie des villes circonvoisines que l'on trouve débaucher les soldats et autres, et ont leur fait faire une pénitence assez rude, lon ne les nourrit qu'au pain et à l'eau la moitié de leur sâoul, a moins qu'elles ne travaillent ; derrière les maisons de la principale rue il y en a beaucoup qui ont des jardins et prairies remplies d'arbres. La pa-

---

(1) Ce couvent de religieuses fut fondé par dame Florence de Quiévrain qui donna un fond le 6 octobre 1507. Leur couvent a été brulé plus d'une fois mais il est retabli regulierement depuis 1680 par la libéralité des gens de bien.

roisse est d'une assez grande étendüe à la campagne, et les hameaux qui sont Bugenies, Quesne aux leux, Adigny et le Louvion (16) qui en dépendent, font environ 200 feux, et partie des maisons de cette ville sont de la paroisse de Louvignies, qui est proche des fossez du côté du sud-ouest, elle n'a environ que 25 feux et joignant l'église il y a la maison du seigneur de ce nom, qui décend de ces fameux Louvignies, qui ont été Gouverneur de Mons et Viceroy de Sicille, il y a un beau jardin avec des allées de charmilles, il y a encore une autre partie de maison de Bavay qui dépendent de la paroisse de Houdin.

En général tous les environs de Bavay sont terres labourables, maigres, sèches et sablonneuses, qui ne sont communement propre que pour l'avoine et autres petits bleds, où il croît peu de froment qu'a force d'engraisse, et il y a aux environ plusieurs petites prairies où croît d'excellent foin, arrosées par des petites fontaines et bordées communement par des petits coteaux labourez d'une pente fort douce ; et generalement tous les villages aux environs de Bavay ne sont pas considerables a cause de la maigreur des terres, et il y a peu d'habi-(17) tans, outre que dans les derniers siècles les différentes guerres entre les françois, flamands, Espagnols et Allemands ont ruinez et détruits le pays par les differentes nations, surtout sous le règne de Louis 14 de glorieuse mémoire ; les environs de Bavay sont tres denuez d'arbres, et il n'y en a presque point le long des chemins qui en plusieurs endroits sont escarpez qui forment des ravines, surtout celui marqué au plan X par où on vat au Quesnoy, et qui peuvent arrêter tout court la cavalerie qui marcheroit en escadron ou en bataille, par consequent l'artillerie et même obligeroit l'infanterie en bataille de se rompre soit en marchant a leur ennemis ou en faisant retraite.

Suite des remarques sur la ville de Bavay

Lon ne peut point disconvenir que la ville de Bavay (18) n'ait été au premier siècle très considérable, outre les vestiges des murs qui paraissent encor a un endroit du côté du Nord et de l'Ouest qui enveloppe partie du jardin des peres de L'oratoire à l'Ouest, quoique très degradé, surtout au parement, et ces murs ont communément d'épaisseur 12.13.14 et 15 pieds, qu'on ne peut pourtant point déterminer à cause de leur grand écorchement, comme lon peut remarquer au profil mis a côté du plan aux figures 1 et 4. Ils sont communément deux joins l'un contre lautre, que lon appercoit encore en plusieurs endroits qu'il y en avoit trois avec parement de gros moellon piquez sans liaison de l'un à lautre, ils avoient le talud dans l'intérieur pour arbouter contre l'extérieur, apparanment pour que le premier mur résista mieux aux machines militaires de ce temps là, et l'entre deux de ces murs qui se joignoient par en haut avoient d'épaisseur 10 à 12 pieds, étoient remplis de pierres brutes et que dans la fondation faisoient une espece de gallerie, ou des anciens ouvriers du pays m'ont assurez avoir été aisement, et ces deux ou trois murs étoient assis un peu plus bas que le rédechaussée et établis sur grosses pierres seiches brutes (19) sans arrangement, et j'ai veu a une cave creusée sous ces murs dans la ville, qu'ils avoient dépaisseur 22 pieds compris le mur sec, il ne paroît point que les fossez fussent en usage dans les temps que ces murs ont été bâtis en encore moins le rampart de terre interieurement, comme lon peut aussi remarquer au profit de la figure 4 marqué au plan pris à l'endroit des lettres C D. Il n'en avoit point dautres que l'épaisseur du mur bordé par un parapet, apparanment percé de crenaux, fenétres ou embrasures, par où les défenseurs lançoient les dards et fleches, et les profils en donnent idée, ces murs étoient conduits sans art ni proportion ni simetrie flanqué par de petites tours distante de 10, 12 à 15 toises et quelqu'unes jusqu'à 45 toises plus ou moins, et ces tours avoient de diamètre 18, 20 a 24 pieds, il restoit encore en 1731 environ 160 toises de longueur dont partie est entourée d'un fossé, comme lon peut remarquer au profil de la figure 1 pris à l'endroit des lettres A et B qui est la suite de la ville moderne.

(20) La ville moderne qui est d'une figure ovale, â de longueur 325 toises et de largeur 190 le tout enceint de murs tres ruinez et bas, partie sans parement que les habitans disent avoir été de grais qui ont été transportez a Mons et ailleurs, les murs de l'enceinte moderne

étoient sises sur une berne de 5 a 6 pieds de largeur et élevée au dessus du ré de chaussée de 5, 6, 7 a 8 pieds et qui étoient beaucoup plus hauts quand ils étoient en état, et les fossez sont d'une largeur inegale d'environ 12, 13, 14 a 15 toises par en haut, et en bas environ 3 a 4 toises, et ces fossez avoient communément de profondeur 10. 12 a 15 jusqu'a 18 pieds a la contrescarpe, et beaucoup plus à l'Escarpe aiant jusqu'a 24 et 25 pieds, par consequent le rampart domine beaucoup sur la campagne, comme lon en pourra juger par les differents profils mis a côté du plan de la fig.re 5 pris à l'endroit des lettres rouges E. F. et au profil de la figure 6 pris aux endroits du plan aux lettres G. H. et au profil 7 marqué au plan des lettres I et K.

(21) Cette enceinte moderne étoit ramparée presque dans tout son pourtour mais fort étroit dans plusieurs endroits et en quelqu'uns, les différentes nations qui ont occupées cette ville, lui ont formée des especes de parapet pour se couvrir de la mousqueterie, les francois y ont tenus differentes fois garnison considérable en cette ville, de cavalerie et infanterie de même que les alliez et Espagnols qui la palissadoient, surtout la berne et barricadoient les portes quand ils en etoient maîtres, dont lon ne voit plus que les places ; les tours et autres ouvrages qui les formoient sont tres degradés, il ne reste plus que le moellon du centre et lon ne peut pas juger de leurs figures, et il y avoit pont-levis et dormans, mais en ce temps les fossez sont traversez par des chaussées pavées, aussi bien que toute la ville qui l'est bien.

Lon n'a point pû découvrir en quel temps et par qu'elle nation, l'enceinte moderne de Bavay a été batie, il faut qu'il y ait longtemps, et devant que la fortification fut démonstrative et eût des regles, afin que les ouvrages et corps de place se défendissent reciproquement les uns les autres, car ceux qui ont faits cette enceinte, n'avoient aucun principe de l'art militaire pour la defence des places, ni aiant que quelques petites tours a uhazard par cy par là, qui ne pouvoient que tres legerement défendre les courtines, et la pluspart point du tout ; la force de cette ville ne consistoit qu'en fossez profonds et larges, et le rampart élevé communé-

ment en plusieurs endroits de 8 a 10 pieds au dessus du
ré de chaussée de la campagne, elle nest nullement
commandée, occupant le sommet d'ue plaine haute
comme lon a déja dit, il ny auroit de défectueux si un
jour on voulloit fortifier cette ville que les coteaux qui
tombent du côté de loüest jusqu'aux prairies où coule
la petite rivière ou ruisseau de Louvignies, aussi bien
qu'un vallon du côté du chemin de Valenciennes marqué au plan de la lettre M et la ravine ou chemin creux
du Quesnoy marqué X au plan qui est encore un obstacle pour côté du Nord, de l'Est et du Sud est plaine,
et les coteaux qui sont de pentés douces jusqu'aux
prairies ne feroient point d'obstacles pour en faire
(23) une bonne place, et l'on m'a conté dans le pays
qu'elle avoit été proposée au préeliminaire de la paix
conclüe à Utrecht, détre cedée aux hollandois pour
barriere, qui avoient resolus d'en faire un place tres
forte a ce que m'a assuré un homme de distinction qui
étoit alors a leur service.

En l'état qu'etoit la frontière en 1731 la ville de Bavay
auroit besoin d'un poste defensif pour tenir un petit
corps de troupes cavalerie et infanterie, pour la communication et sûreté des convois de Valenciennes à
Maubeuge, aussi bien que du Quesnoy, Condé et autres.
et pour assurer la plaine contre les courses des garnisons de Mons, St-Guislain et autres places qui appartiennent à la maison d'Autriche, ce qui pourroit se faire
par un fortin ou chateau, dans un prais qui est au
Nord-Ouest du jardin des peres de L'oratoire entre les
lettres A et B, C et D. du profil marquez en rouge, en
faisant une simple clôture d'un mur a deux etages percé
de crenaux, enceint de petits fossez, en se servant en
partie des anciens murs du chateau, (24) en les rempiétant, refaisant leur parement et en adossant le rampart contre ses murs des logemens pour environ une
centaine d'hommes et une compagnie de cavalerie, et
une couple de petites pièces de canons pour avertir les
places voisines, quand l'ennemy paroîtroit, car de voul-
loir fortifier Bavay selon les regles observées en ces
temps cy, ce seroit une grosse depence, et qui deman-
deroit une garnison reglée et un Etat-Major, et en
temps de guerres, ce chateau ou réduit serviroit a pro-

teger une plus ample garnison, que l'on jetteroit dans cette ville, en attendant qu'on eût mis en état ses retranchmens pour soûtenir un coup de main.

Outre que ce que lon voit visiblement les habitans et ouvriers qui ont été dans les sousterrains qui sont sous l'Eglise, sous la place et ailleurs, sont des marques de son antiquité, mais lon en a bouchée les entrées pour éviter les desordres et degradations, ils disent qu'il y a des belles chambres bien **pavées et les murs peints.**

(25) Tout au pourtour de la ville d'aujourd'hui qui sont en terres labourées, excepté du côté du Sud-Ouest, où il y a plusieurs jardinages, lon trouve une infinité de **fondations de maisons,** gros et petits murs batis de moellons et de grosses pierres de grais grises et bleües, et il se trouve dans toutes ses masures qui sont toutes couvertes de terre, quand lon en arrache les fondations, beaucoup de médailles des Empereurs Romains quelqu'unes d'or, des petites d'argent, quelqu'unes de cuivre doré, mais presque tous de cuivre rouge, quelqu'unes de cuivre jaune, beaucoup tres bien estampées, que les habitans du pays savent bien vendre, quoique lignorance des trois quarts de ces peuples appellent ces medailles des mahomets, et lon à de la peine a les dissuader que ce ne sont point des portraits des Sarasins, de même que tous ces anciens murs et vestiges que lon trouve en differents endroits sont des ouvrages des Sarasins, qui n'ont jamais passez la riviere de Loire qui furent defaits proche de Tours le 16 7bre l'an de Christ 726 par Charles Martel maire du palais de france, (26) où 375.000 hommes resterent sur la place, et ce qui est de plus extraordinaire les vainqueurs ny perdirent que 1500 hommes, selon ce qu'en dit l'histoire des journées des francois.

Pour toutes les autres nations, huns, Vandales, Goths, Normans, les hongrois et les premiers francois, n'ont rien faits de remarquable en cette ville, il faut dont que tous ces anciens édifices soient des Romains, quoique des historiens disent que Jules Cesar 52 ou 53 ans avant la naissance de Jésus-Christ prit Bavay sur les Nerviens qui étoit leur capitale, après que cet empereur eût gagné une mémorable bataille sur la Sambre proche du village de Pont-sur-Sambre, dautres croïent

que ce fut entre Binche et Thuin vers le village de Veil-
lereille ou de celui de Lobbe, ce cest que lon ne peut
point indiquer positivement puisque Jules Cesar, ne le
désigne point assez clairement dans ses Commentaires,
mais tous les anciens conviennent que ce fut autour de
la rivière de Sambre, où les Nerviens et leurs alliez furent (27) entièrement détruits et leurs puissances abba-
tües, dont il ne se sauva que neuf de leurs chefs qui
étoient des vieillards, tout le reste fut passé au fil de
l'épée, ce qui donna lieu aux vainqueurs de prendre
Bavay, de la saccager et la détruire entièrement ; mais
les ravages faits dans ce pays par les différentes nations, ont entierement anneantis tous les memoires sur
lesquels on pouvoit conter, et il y a toute apparence
que quand le Christianisme s'etablit dans le hainaut
entre le 5me, 6me et 7me siècle, les ministres appostoliques
y precherent l'Evangile, et eurent grand soin de bruler
tous les manuscrits qui parloient de Bavay, a cause du
grand nombre de Temples que lon assure y avoir été,
et pour ôter aux nouveaux chrétiens toute connoissance de leurs idoles, tout fut détruit, excepté partie des
murs **du chateau** comme il est dit cy devant, de même
que le **grand aqueduc** et les chaussées militaires, il y
a toute apparence que cette malheureuse ville a été entierement deserte, et si les historiens contemporains
n'en ont rien dits, ce qu'apparenment (28) il ny avoit
plus que ses ruines qui subsistoient dans le temps
qu'ils ont écrits, et l'on assure qu'il y en eût beaucoup
qui étoient revêtus de ce caractere au commencement
du Christianisme sans avoir des residences fixes, et
comme il ne paroît point qu'il y ait eu des monasteres
autour de cette ville, où il y eut des moines qui écri-
vissent l'histoire, du moins s'il y en a eu la pluspart
sont fort suspects, et que le hazard a voulu qu'a
cause de la seicheresse du pays, il ne se soit donnée aucune bataille memorable autour de Bavay, ce qui l'a
fait mettre en oubly dans les histoires qui ont passées
jusqu'a nous.

La commune opinion est que cette ville fut réedifié
sous l'Empereur Tibere comme lon découvre par quelques inscriptions au jardin des peres de L'oratoire, et
il est surprenant qu'une ville si puissante comme a été

Bavay, que les auteurs digne de foy, en fassent si peu
mention et qu'il ne se trouve point d'inscriptions dans
(29) ses ruines, ce qu'il faut attribuer a ce que les premiers peuples n'avoient point l'usage des lettres, et ne
savoient point lire ny écrire, quoiquil y ait une histoire
particulière de Bavay imprimée en Gothique, que lon
dit étre les trois quarts fabuleuse, mais il est probable
et sans contestation que Bavay a été tres fameux au
premier siecle, puisqu'en 1731 que je levois la carte de
ce pays ci, j'ai reconnu en divers endroits les vestiges
d'un **aqueduc** qui conduisoit les eaux de la fontaine de
floursies qui est a plus de 10000 toises de Bavay, où il
y a trois sources considérables, ce qui est sûr est qu'on
découvre en divers endroits dans les terres hautes, le
sommet des voutes de l'aqueduc que le vulgaire appelle buise, surtout a **l'hermitage du bois de Louvignies**
marqué a la carte 28 que l'on a defait depuis quelques
années, mais au village du Vieu mesnil 33 qu'on a marqué au profil fait d'idée cy joint de la lettre D, il reste
au commencement de ce village a l'Est de l'Eglise, au
bord d'un grand chemin quantité de morceaux de gros
mur de cet acqueduc bâti d'un excellent (30) mortier
de sable graveleux que lon alloit chercher loing, les
parties et massifs de ses murs étoient fondés sur pierres
brutes, et dautres parties ou le terrain baissoit, lon voit
des fondations de pilles d'arcades, et au bout de ce village du côté du Sud au commencement d'une grande
plaine, il y a aussi les vestiges d'un grand mur ou passoit cet acqueduc apparamment que cétoit quelques
portiques du village du Vieu Mesnil a celui de Boussière 34, (1), il paroît le sommet de cet acqueduc qui
s'enfoncoit entre ces deux villages dans terre en quelques endroits pour atraper le niveau de 8 a 10 pieds, a
ce que disent les habitans, et dans les vallons il y avoit
apparanment des arcades, dont les fondations ont été
entierement arrachées, mais au commencement du village de Boussière marqué 34, lon trouve a la partie la

---

(1) Lon a marqué sur la carte de Bavay, le canal ou route de
l'acqueduc jusqu'a la riviere de Sambre, (autant qu'on l'a pu découvrir) par une ligne de points rouges double, et lon a mis sur cette
carte les lettres aussi en rouge B. C. D. E. I et G pour que lon ait
une idée où cet aqueduc pas-oit par rapport aux vestiges que lon
découvre en differents endroits comme il est dit au menre.

plus haute nombre de vestiges en décendant du côté de
la Sambre, un grand nombre de ces pilles qui étoient
communement de 18 a 20 et 22 pieds de distance, et les
dez de ses pilles ou massifs avoient 7 a 8 pieds de largeur, et lon en voit encore des (31) vestiges de fondations jusqu'a la riviere de la Sambre 38, et la partie
la plus basse qui est en prairies, jy ay veu l'emplacement des pilles desquelles un paysan m'a assuré d'a-
voir aidé a achever d'arracher les fondemens il y a
quelques années, et il en reste encore a hauteur du ré
de chaussée, et cet acqueduc passoit devant l'Eglise du
village de Boussiere 34, où il y a encore beaucoup de
fondations, et lon voit a peu prés au milieu de la riviere de la Sambre au chiffre 38 le reste d'une pille qui
deborde de 2 ou 3 pieds la superficie de l'eau que lon
dit étre d'une maçonnerie tres dure, et au sommet du
petit coteau de l'autre côté de la riviere paroît les vestiges au chifre 38 d'un gros mur qui étoit la continuation de cet acqueduc, doù commencoit selon toute apparence **le pont et arcade** qui portoit le conduit et canal
jusqu'aux vestiges des arcades susdites, il auroit du
moins 30 pieds de hauteur, et cest **une absurdité et ignorance du peuple vulgaire de dire que cet acqueduc pas-
sat sous la riviere**, et leur raison est qu'il y a de la
(32) maçonnerie qui étoit la fondation d'une pille a lautre ou bien les debris de l'acqueduc qui sont tombez
dans le fond que le peuple n'avoit pas pû arracher,
ce que lon a été oblibé de faire quand lon a rendu la
Sambre navigable, il est incontestable que dans tous les
endroits bas et dans les vallons où il coulle des ruisseaux ou non, que les constructeurs de l'acqueduc
avoient faits des arcades pour conduire l'eau de niveau
surtout au fond du chateau d'Audigny)2 et a celui au
Nord du village du Vieu Mesnil 33, où il passe un ruisseau, mais lon ne voit point de vestiges des pilles, parce
que le peuple pour profiter des terres qu'elles occu-
poient tant prairies que labourables, ont tous arrachez;
les paremens de ces pilles étoient de grais en forme de
moellons piqués, de 6 pouces de hauteur et 4 pouces
de plat sur 7 a 8 pouces de queüe plus ou moins avec
des bandes qui les traversoient de deux à trois briques
ou carreaux plats d'environ 8 pouces de longueur sur

(33) 7 ½ de largeur et un pouce d'Epaisseur, il se trouve
à Bavay et dans ses environs des carreaux de terres
cuites de 15 pouces de longueur sur 10 de largeur et 2
d'épaisseur avec quoi étoit bati cet acqueduc et entremêlé de boutisses et panneresses de même que des bandes ou chaînes plates de ces dites briques dans la construction des pilles massives de cet acqueduc, aussi bien
qu'aux murs du chateau et autres edifices, qui etoit la
veritable maniere dont construissoient les Romains
dans leurs ouvrages publics, comme jai veu en differents endroits de leurs amphitheatres et murs de ville,
car ils ne se fioient pas beaucoup a la solidité de la
pierre de taille, qui est sujette a se dégrader et a s'éclater, il se trouve pourtant en differents endroits des
grosses pierres bleües et grises autour de Bavay, surtout beaucoup de grais à l'Est de cette ville et le long
de la rivière de L'hainiaut dont les anciens auroient
pù se servir qui n'ont point laissé de faire presque tous
leurs paremens et murs de ville.

(34) Pour a l'Egard des dimensions de l'acqueduc par
où passoit l'eau, je n'en dirai rien de positif qu'au raport des ouvriers qui ont aidez a en defaire des parties, dont lon en a mis un plan a la figure 3 a la
colonne a droite et le profil a la figure 4. Il avoit communément trois pieds de hauteur, 17 a 18 pouces de
largeur, les murs des côtés 3 pieds d'épaisseur et le canal recouvert par une grosse pierre bleuë ou de grais
de 5 a 6 pieds de longueur sur un pied d'épaisseur, le
pavé étoit fait de gros carreaux de terres cuites ou briques toutes d'une piece avec un petit orlet aux extremitez, sur lequel portoit un enduit d'un excellent ciment
fait de briques et de cailloux, pilez de sable graveleux
détrempé avec une excellente chaux faite de pierres
dures, puisque lon a beaucoup de peines a defaire cet
enduit qui est plus dure que la pierre même, ce canal
étoit porté sur un massif de maçonnerie excellente de
pierres brutes dures, les pierres baignoit dans un bon
mortier faits de sable de gravois et pierres broyées,
toute la masse portée sur (35) une saule de pierres brutes enfoncée plus au moins que requerroit le terrain,
pour conduire l'eau d niveau, cest a dire avec une pente
raisonnable depuis sa source 44 jusqu'a Bavay où lon

découvre encore les vestiges du canal ou conduit qui
écouloit les eaux des bains et reservoirs dans le ruisseau
de Louvignies, je n'assure point positivement toutes
ces dimensions, n'en ayant veu que des parties par ct.
par là, le surplus n'est que sur le raport des gens du
pays.

Autres remarques sur la ville de Bavay

La vieille enceinte de Bavay bâtie par les Romains,
est d'une construction singulière et paroît encore en
differents endroits qu'il y avoit trois murs adossés les
uns contre les autres (36) avec parement de moellon ou
de grais piqué de 4, 5, 6 a 7 pouces de hauteur sur 6,
8 a 10 pouces de base et 9 a 10 de queüe, posé assez
horisontalement par assise reglée avec des bandes de
2 assises de grosses briques avec les dimensions énoncées cy devant, qui traversoit toute l'épaisseur du mur
distante les unes des autres de 4, 5 a 6 pieds, il ny
avoit que le premier parement de cette enceinte bien
dressée aussi bien que celui de l'interieur qui avoit
talud contre le gros mur, comme lon a dit precedan-
ment et le parement exterieur avoit tres peu de talud,
et il paroît que l'intention des constructeurs de ces
murailles étoit que quand la premiere chemise étoit
renversée avec les béliers et autres machines dont on
se servoit devant l'usage du canon, étoit qu'il se trouva
une seconde muraille dans tout son entier puisqu'elles
n'étoient point liées l'une a lautre, et comme ces murs
sont fondez peu avant dans terre et qu'ils sont assis
sur des gros moëlons et grosses pierres brutes, cétoit
(37) apparanment pour que l'assiégé pût découvrir
avec plus de facilité, ou l'assiegeant faisoit sa mine, car
quand lés anciens trouvoient des murs bâtis solidement, l'histoire fait mention qu'ils passoient par dessous pour entrer dans les places, et cest là où se faisoit
dès rudes combats de main, qu'ils appelloient attaque
souterraine, que les assiegez défendoient par des re-
tranchemens, pendant le temps que les assiegeans
s'eforcoient d'escalader les murs, ce qu'ils faisoient avec
des échelles et autres machines militaires, et que les
assiégez s'eforçoient de defendre le haut de
leurs murs avec des fléches, dards, lances, piques et

halebardes et autres armes courtes, et jettoient sur les
assiegeans par les fenetres ou embrasures et les ma-
chicolis quand il y en avoit, de l'eau bouillante, de
l'huile, poix et autres matieres combustibles en usage
dans ce temps-là, que sans doute les assauts duroient
longtemps et bien plus meurtriers que ceux d'aujour-
d'hui, parce (38) qu'il ny avoit aucuns dehors, et quand
les assiegeans attaquoient des places fortes pour ce
temps là, ils elevoient proche les murs, des tours quar-
rées ou triangulaire, d'assemblage de charpente, cest
a dire des poutres entassées les unes sur les adtres dans
lesquels ils pratiquoient des escaliers pour monter les
arbaletriers et autres gens de vigueur, et du sommet de
ces tours qui étoient ordinairement plus hautes que les
murailles des forteresses, ils jettoient sur les assiegez
tous les materiaux en pratique de ce temps là, et puis
laissoient tomber des ponts qui arrivoient sur le parapet et rampart, par où ils se jettoient sur les assiegez,
et souvent quand les fossez étoient secs, ils conduisoient de ces tours une galerie ou plusieurs par dessous
les murs quils avoient soin de bien couvrir, de fer
blanc, de peaux de bœufs ou vaches, et autres matieres
non combustibles, ils ne laissoient (39) pas de faire des
tranchées pour communiquer a couvert dans leurs
tours, et aux endroits où ils donnoient l'assaut, et jai
veü encore beaucoup de ces anciens murs qui étoient
couverts de tuiles ou bosses pour se garrantir de leurs
ennemis et conserver leurs murs de l'injure du temps.

Fait à Lille, le 22 Juin 1731.

MASSE.

Augmentation de quelques remarques sur l'origine prétendue de la ville de Bavay, qui serviront de supléement ou d'addition a ce memoire

Un écrivain qui a écrit l'histoire du hainaut il y a
deux cent ans imprimée à Paris, prétend que le premier fondateur de (40) Bavay étoit un prince sorty de
Troye la grande après sa destruction appellé Bavo suivi
d'un grand peuple, trouverent le pays où est Bavay,

decouvert et degarny de bois, pour commencer leur établissement et jetterent les fondemens d'une grande ville, ce qui arriva l'an de la creation du monde 2088 selon la computation d'Eusebe, on nen scay rien de plus positif, cest aussi le sentiment de plusieurs autres auteurs.

Les historiens pretendent qu'aprés que les Baviens ou Belgiens eurent étendu leur domination très grande, ils firent pour la communication de leur peuple et de leur capitale, plusieurs grandes chaussées, surtout pour la commodité des pelerins, pour qu'ils ne trouvassent point d'excuses de venir adorer les Dieux dans leurs Temples, qui étoient en grand nombre a Bavay, ces chaussées partoient des sept principales portes, et avoient été commencées par Bavo et perfectionnées par le Roy Brunechildie, ces mêmes historiens racontent que ces chaussées étoient accompagnées de divers ornemens, dont la plupart étoient couvertes, ce qui paroît pourtant fabuleux, car lon ne voit point, qu'elles ayent (41) jamais été pavées de grandes pierres et bordées de colonnes de marbres, mais il est sûr qu'elles ont été construites de pierrailles et gros cailloux apportés de fort loin en bien des endroits, surtout dans le pays marécageux et dégarni de toutes sortes de pierres.

Les historiens font mention d'un Tarquin fils d'un Roy des Romains de même nom, qui avoit été chassé de Rome pour le crime par lui commis en la personne de Lucrece, il se retira a Bavay, et se pourroit bien étre a son sujet que l'inscription cy devant au folio 8 a été faite.

Les anciens historiens font mention qu'aprés diverses batailles des Romains conduites par Jules Cesar, et la grande puissance des Belgiens abbatuë il prit leur capitale qui étoit Bavay, mais ces historiens varient dans differentes circonstances, puisque suivant leur raport, qui peut étre les trois quarts fabuleux au sujet de cette ville, qui l'a font détruite et rebâtie en plusieurs reprises avant la venue des Romains.

Les mêmes historiens raporte que Bavay fut rétabli (42) par les Romains, aussi bien que Reims, famars, et plusieurs autres villes qui avoient été détruites par eux et par les Barbares ; cest apparanment dans ce temps là, que les Romains firent bâtir l)acqueduc, dont il est fait mention cy devant au folio 29 mais on n'a point pû découvrir dans qu'elle année, et par qui il a été fait.

L'an 42 du regne d'Auguste se fit le denombrement universel des nations soumises aux Romains, les historiens prétendent que la ville de Bavay contenoit plus de 80 mille chefs de famille, ce qui engagea cet Empereur de bien faire refortifier cette ville et la fit changer de nom en lui donnant celui d'Octavianne, et fit en même temps rétablir les chaussées et les ponts, et l'associa à Rome, lui donnant d'amples privileges, et la decora de magnifiques Temples.

Voila ce qu'on en a pû découvrir, et que sans doute cette ville a été détruite par les differentes invasions des Barbares, et que les grandes calamités qu'ils causerent et les cruautés qu'ils exercerent dans le pays d'hainaut en détruisant tout, n'ont point donné assez (43) de connoissance aux historiens de faire mention des evenemens et de la destruction de cette fameuse ville.

Il se pourroit bien qu'il y a eu un grand nombre de peuple a Bavay raporté par le denombrement que lon a fait mention cy devant mais je croy que les 80 mille maisons dont il est parlé, il faut entendre ce me semble que ces maisons nétoient que des cabannes bâties de terre, que lon appelle communement encolombages couvertes de pailles, tres peu de thuiles, non plus que d'ardoises, parce qu'il s'en rencontre peu dans les vestiges que lon trouve actuellement, et qu'il ny avoit que les maisons de distinction qui étoient bâties de pierres, et peut étre les Temples qui je croy n'ont jamais été **de la magnificence de ceux** des Grecs et des Romains, tout au plus s'il y en a eu quelqu'uns bâtis selon les regles de l'architecture de ces nations, comme il paroît encore quelqus chapiteaux et morceaux de colonnes, ce n'a été qu'aprés la réedification qu'ont faits les Romains de cette ville, car si les Temples que les historiens prétendent avoir été en grand nombre a Bavay seroient veritables on en trouveroit des fondations considerables, puisque les murs qui se trouvent enterre n'ont d'épaisseur qu'un pied ou deux et fort peu de trois pieds, il est plus naturel de croire que leurs idoles étoient placées dans les bois, sous des arbres ou dans des cabannes.

Il paroît inutil de raporter icy le nombre des Dieux qui étoient connus à Bavay, cela est rop fabuleux puisqu'il leur attribuent nombre de miracles, et ces Dieux étoient a peu prés les mêmes que les Grecs, les Romains et les payens adoroient.

Fait à Lille le 30 mars 1732.

MASSE.

Voici une inscription trouvée sur une pierre dans le jardin des Pères de l'Oratoire de Bavay depuis quelques années avec deux figures qui sont sur la porte du jardin :

<table>
<tr><td align="center">D. M.</td><td align="center">D. M.</td></tr>
<tr><td align="center">Q. POMP. CRISPOT</td><td align="center">M. POMP. VICTOR</td></tr>
<tr><td align="center">TARQ. SECUNDÆ</td><td align="center">Q. G. R. C. N.</td></tr>
<tr><td align="center">POMP. VICTOR</td><td align="center">SIBI ET SOCRATIÆ</td></tr>
<tr><td align="center">PARENTIB. FECIT</td><td align="center">SECUNDÆ UXORI</td></tr>
<tr><td align="center"></td><td align="center">VIVOS. F.</td></tr>
</table>

Première figure qui ressemble à Citiades premier tiran

Seconde figure qui ressemble à Zenobio reine de Palmyre femme Dodonal

Ces figures sont dans des chapiteaux de l'ordre corinthien dont le sommet avoit 3 ½ pieds de diamètre.

Après avoir bien examiné l'inscription susditte, trouvé selon mon petit jugement et le peu de connoissance que j'ay acquis dans les antiques, que c'est icy une double inscription veritablement antique et des premiers temps de la republique romaine, comme entre autres les mots Vivos fecit au lieu que nous disons presentement vivus fecit donnent asses a connoitre, car les médailles du haut empire principalement ceux de Jules Cesar ont pareillement DIVOS JULIUS au lieu que les autres du bas Empire sont ordinairement DIVUS. Comme par exemple DIVUS CLAUDIUS qui

est Claudius Secundus qui a regné dans les derniers
temps, non pas TA. Claudius qui est un des douze premiers. Mais avant que jentreprens dexplicquer ce monument antique, il est a propos et necessaire de remarquer que je suis fermement persuadé que celuy qui a
copié ces dittes inscriptions sest abusé dans la troisieme lettre de la troisieme ligne de la seconde inscription, laquelle lettre je croy que ce doit etre un F au
lieu d'un R ce qui lui peut etre facilement arrivé à
cause que dans une ancienne inscription un R a moitié effacée par la longueur du temps ressemble assez a
un E. Comme nous voyons que cela se fait journellement ainsy les cinqs lettres de la ditte ligne feront
ainsy O. C. E. C. N. et pour vérifier que mon opinion
est assez veritable, je prie celui qui a fait la ditte copie
de remarquer sil nest pas vray que dans les dittes inscription tous les Æ (: dont il y en a icy trois :) ne sont
pas formez par deux lettres, comme par exemple A. E
separement, car cest ainsy que je les ay toujours observé dans les inscriptions romaines desquelles jen ay
veu quantité pendant ma vie comme sur des urnes et
autres monumens antiques, apres cette petite remarque
que jay cru necessaire de vous participer, je dechifre
ainsy les inscriptions susdittes.

DIUS MANIBUS
QUINTO POMPONIO CRISPOTIO
TARQUINIAE SECUNDAE
POMPONIUS VICTOR
PARENTIBUS FECIT

· Ce qui signifie en français

AUX DIEUX MANES (c'est-à-dire infernaux)
A. QUINTUS. POMPONIUS CRISPOTIUS
ET TARQUINIA SECUNDA
SES PARENS c'est-à-dire ses
père et mère

POMPONIUS VICTOR
A FAIT DRESSER CE MONUMENT

DIUS MANIBUS
MARCUS POMPONIUS VICTOR
QUINTI. CRISPOTII. FILIUS. CAII
NEPOS
SIBI ET OCRATIAE
SECUNDAE UXORI
VIVOS FECIT

Comme s'ensuit

MARCUS POMPONIUS VICTOR
FILS DE QUINTUS CRISPOTIUS
NEVEU (c'est-à-dire petit-fils) DE CAIUS
A SOI-MEME ET A OCRATIA
SECUNDA SON EPOUSE
LUI ETANT ENCORE
VIVANT FIT DRESSER CE
MONUMENT.

Mais ici lon ne pouroit demander pourquoy plustot par ces abbreviations Q. POMP. CRISPOT et F. POMP. VICTOR.

Q. POMPONIUS CRISPOTIUS   M. POMPONIUS VICTOR

que non pas Q. POMPEIUS CRISPOTIUS et M. POMPEIUS VICTOR ou tel semblable ? a quoy je vous repondray que la famille de Pompée, quoy que dailleurs fort illustre, ne me paroit pas fort ancienne pour avoir fait alliance avec la famille des tarquins, de laquelle alliance il est fait mention dans cette inscription scapar ces abbreviations Q.POMP. CRISPOT et M.POMP. CRISPOT. et mere de POMP. VICTOR car du temps de Pompée la famille des tarquins étoit déja eteinte et exterminée par le crime commis en la personne de Lucrece par SEXTUS fils du Roy tarquin le superbe ; tellement qu'il y a plus dapparence que cette alliance des tarquins sest faite avec un de la famille de Pomponius qui est pareillement une famille Royalle descendue de Numa Pompilius par son fils aîné pomponius, car Pompo Pompilius aiant procréé Numa Pompilius 2.º Roy des Romans celuy cy de son épouse tatia, laissa quattre fils Pomponius, Pinus, Calpus ou Calphus et Mamescus desquels sont descendus les familles de Pom-

ponies Pinaires, Calpurnies ou Calphurnies et Mames-
ques qui ont toujours ete des plus illustres de Rome,
pour ce qui est de la fille de Pompilia, aucuns (selon
Plutarque) lont cru etre dune autre femme appelle Lu-
cretia quil epousa depuis quil fust eleu Roy des Romains,et fust marie a Marcius, puis aussy concurrent
en la brigue de la Royauté lorsque Tullus hostilius fust
eleu 3ᵉ roy des Romains, mais le jeune Marcius procréa
de Pompilia Ancus Marcius 4ᵉ roy des Romains qui
gouverna 24 ans. Pour revenir donc à la famille de
Pomponies le docte Onuphre en fait mention entre les
familles ou plustost races dites Gentes consulaires re-
cueillies de l'histoire romaine des colonnes, médailles,
tombeaux et autres pieces de l'antiquité redigées en
ordre alphabetique tant nobles que plebees, a quoy
j'ajouteray aussy quaiant examiné toutte la famille ou
race des Pompee desquels jay a **Schespenbeteh** une
bien ample genealogie divisee en plusieurs branches
particulieres et dressée par un pere de la Société de
Jesus il ne me souvient pas d'y avoir trouvé aucun
avec le Cognom ou nom ajouté de Crispotius mention-
né dans notre inscription, ce qui me confirme encore a
croire que Q. POMP. CRISPOT. et son fils M. POMP
nont point été de la famille des Pompeies mais plus
tost et avec plus d'apparence de cellle des Pomponies,
de laquelle il sen trouve plusieurs du nom de Marcus
ou Manius qui conviennent au notre de M. POMP.
scavoir M. POMPONIVS premier tribun militaire
avec autorité consulaire lan de la fondation de Rome
355 avant Jésus-Christ, 398 Manius Pomponius consul
de Rome lan de la fondation de Rome 521 avant Jésus-
Christ 232. Ma Pomponius consul de Rome 525 : avant
Jésus-Christ 230 : et pour montrer quënviron le meme
temps lon trouvoit encore des tarquins qui pouvoient
sallier aux Pomponies, je trouve que Lucius tarquinius
flaccus fut maitre de la cavallerie sous le dictateur
lucius Cincinnatus lan de la fondation de Rome 296
avant la naissance de Jesus-Christ 457 ; ce qui ne diffe-
rant que de 59 ans du premier M. POMPONIVS que
je viens de produire il auroit pu arriver facilement que
la mere de ce M. POMPONIVS eut été la sœur ou la
fille de Lucius tarquinius Flaccus que nous venons de

nommjer et par ainsy se pouroit etre le meme nommé dans notre inscription M. POMP. Ors comme cy dessus nous venons de faire mention du cognom ou nom ajouté CRISPOTIUS il est a propos de scavoir que les principaux Romains portoient anciennement trois noms, le premier est celuy que nous apellons nom propre a un chacun comme entre nous Pierre, Jean, Louis, etc..., et qu'eux appeloient prœnomen comme nous dirions avant nom parce qu'il étoit mis devant celuy de la famille. Le second, le principal et le vray nom entre les Romains étoit celuy de la famille, a raison de quoy il étoit appellé seul simplement nomen, nom sans queue et qnissoit toujours en IVS pour les mâles et en IA pour les filles, le troisieme cognomen ou agnomen, c'est a dire nom ajouté au second pour une plus claire distinction des personnes et des familles ainsy dans notre monument Q. POMP. CRISPOT, quintus est lavant nom ou prœnomen, pomponius celuy de la famille appelé simplement nomen. Crispotius le nom ajouté au second dit Cognomen ou Agnomen le meme est en M. POMP. VICTOR et autres, mais icy je rencontre encore une difficulté scavoir si OCRATIA SECVNDA nest pas a dire que ca ete la deuxieme femme de M. POMP. VICTOR ainsy que lon pouvoit expliquer a la lettre ce nonobstant je suis plutot d'avis quelle et TARQ. SECVNDA sa belle mere ont ete les deux jᵉˢ en nombre entre leurs sœurs dans la maison paternelle d'autant qu'entre les Romains, les filles portoient le nom de la famille du Père et pour toute difference on y ajoutoit le nombre de leur naissance comme Tullia prima, tullia secunda et tullia tertia filles de ferrius tullius 6ᵉ Roy des romains que sil n'y en avoit que deux on les distinguoit par major et minor comme par exemple Octavia major et Octavia minor sœur de lEmpereur Auguste de maison d'Octavies.

Il nous reste presentement a examiner si les deux figures dont il est fait mention dans la copie de la pierre ou monument antique sont celles du tiran ciriades et de Zenobie reine de Palinire femme dodonal, et premièrement pour ce qui est de la ressemblance, il pouvoit etre ainsi (quoy que nous nen puissions juger, a raison que dans la copie sus ditte les pretendues figures ny sont pas designées, autrement nous avons sur quelques médailles antiques de la ditte reine) mais la ditte ressemblance a part nous tenons que la figure d'homme pour etre du tiran Ciriades doit avoir en tête le diademe qui est un tissu large a peu pres de deux a trois doigts, dont les Roys se ceignoient la tete comme ecrit Baudelot some 2ᵉᵐᵉ folio 601, mais que feroient icy la figure du tiran Ciriades et de la reine Zenobie, dont nos inscriptions ne font aucune mention et dont la derniere étant morte en Italie au champ tiburtin navoit aucune envie detre ensevelie au pais bas, car comme nous voions dans labregé de l'histoire romaine apres la fin de la guerre gothique l'Empereur Aurelian ne demeura pas longtemps à Rome car il alla avec une armée contre Zenobia princesse de grand courage laquelle apres la mort dodonnal son mary gouvernoit seul lempire dorient et laiant vaincue et fait prisonniere la mena a Rome ou il triompha, par apres laiant fait mettre en liberté lenvoia au champ tiburtin ou elle passa le reste de sa vie gardant louablement sa continence avec les matromes romaines, comme elle étoit de religion juisve elle embrassa du depuis la foy chrestienne, J. Oiselius tome XI : folio 56 : en parle encore comme sensuit.

Dum Aurelianus contra Zenobian proficiscetur itinere barbaros in illico et thracis prostravit dein cum Zenobia quæ filiorum nomine orientem tenebat de summa rerum apud Emesam. pugnat et fusam, retractamque e fuga cum filiis, in potestatem suam redegit, Palmyram rein de cepit et evertit, firmum Egyptum sibi vindicantem superavit et occidit tetricum in gallys imperatorem creatum, sponte cum exercitu se dedentum cuscepit Romam reversus de tetrico Zenobia splendissimum triumphum egit.

Ainsi donc les figures d'homme et de femmes représentées sur la pierre ou monument susdit sont selon mon jugement QUINTUS POMPONIVS CRISPOTIUS et TARQVINIA son épouse ou bien MARCVS POMPONIVS VICTOR leur fils et OCTAVIA SECVNDA leur belle-fille.

Ainsy addresse sous correction a Mastricht ce 2 may 1712.